Trennkost

Mallorca, Ibiza & Co.

Ursula Summ

Mallorca, Ibiza und die übrige Inselwelt der Balearen zählen zu den beliebtesten Ferienzielen Europas, nicht nur wegen Sonne und Strand. Auch die landestypische Küche mit viel frischem Gemüse, Meeresfrüchten, Oliven und Mandeln begeistert immer mehr Urlauber. Frischen Sie Ihre Trennkostküche auf und probieren Sie einmal köstliche Rezepte von den Balearen.

Inhalt

Alle Rezepte auf einen Blick

Rezept	Seite	kcal je Portion/Stück	Eiweiß	neutral	Kohlenhydrate	einfach	vegetarisch	schnell	vitaminreich	fürs Büro
Gefüllte Teigtaschen	12	260			✔		✔			✔
Geröstetes Brot mit Knoblauch	14	300			✔	✔		✔		
Gebratene Mandeln	15	500		✔		✔	✔	✔		✔
Galizischer Kuchen	16	360			✔	✔	✔			✔
Maisbrot	17	370			✔		✔			✔
Melone San Sebastian	18	350	✔						✔	
Spinatsalat „Ibiza“	20	410		✔		✔	✔		✔	
Bunter Salat mit Manchego	21	490	✔			✔	✔	✔	✔	✔
Grillpaprika al horno	22	220		✔		✔	✔		✔	
Knoblauch-Artischocken	22	200		✔		✔	✔			
Blumenkohl „süßsauer“	24	250	✔			✔	✔	✔	✔	
Garnelen in Knoblauchöl	25	620	✔			✔		✔		
Gazpacho	26	160	✔			✔	✔		✔	
Mallorquinische Hühnersuppe	26	340	✔			✔				
Katalanische Paprikasuppe	28	290	✔			✔	✔			
Geröstete Mandelcremesuppe	29	370		✔		✔	✔	✔		
Gemüsepaella	30	650			✔	✔	✔		✔	
Nudelauflauf mit Schafskäse	32	710			✔	✔	✔		✔	✔
Rosinenreis mit Mandeln	33	610			✔	✔	✔			✔
Carmens Kartoffelgratin	34	410			✔	✔	✔			
Paprikasalat	34	180		✔		✔	✔	✔	✔	✔
Ofenkartoffeln mit Käsesauce	36	780			✔	✔	✔		✔	
Nudeln mit Spinat-Käse-Sauce	37	610			✔	✔	✔			

Rezept	Seite	kcal je Portion/Stück	Eiweiß	neutral	Kohlenhydrate	einfach	vegetarisch	schnell	vitaminreich	fürs Büro
Gemüsekuchen vom Blech	38				✔		✔			✔
Gemischter Salat	38	140		✔		✔	✔	✔	✔	
Mallorquinische Gemüsepfanne	40	470	✔			✔	✔		✔	
Gemüsetortilla	41	290	✔			✔	✔	✔		
Knoblauchhähnchen	42	950	✔			✔				
Spanisches Huhn	43	870	✔			✔				
Spitzkohl mit Mandelkruste	44	710	✔			✔	✔			
Fisch in der Salzkruste	45	490	✔							
Grillfisch mit Zucchinitatar	46	700	✔					✔		
Seeteufel aus dem Ofen	47	520	✔			✔			✔	
Marinierter Spargel	48	340	✔			✔	✔	✔		✔
Mittelmeergemüse	48	290	✔			✔	✔		✔	✔
Zucchinisalat	50	140		✔		✔	✔	✔		
Grüner Salat	51	180		✔		✔	✔	✔		
Gebratene Bohnen mit Tomaten	52	180	✔			✔	✔		✔	
Gorgonzolasauce	53	240		✔		✔	✔	✔		
Kräutersauce	54	240		✔			✔			
Kalte Mandelsauce	55	240		✔		✔	✔	✔		
Mandelkuchen vom Blech	56	270			✔	✔	✔			✔
Mandeleis	58	295			✔	✔	✔			
Crema de Maria	59	260			✔		✔			
Orangen mit Frischkäse	60	350	✔			✔	✔	✔	✔	
Eingelegte Feigen	60	160			✔	✔	✔			

Trennkost spanisch genießen

Die Trennkost gehört zu den beliebtesten Ernährungskonzepten unserer Zeit. Kein Wunder, Gesundheit und Wohlbefinden lassen sich auf einfache Weise steigern und trotzdem darf auch mal nach Lust und Laune geschlemmt werden. Das schadet selbst der schlanken Linie nicht. Im Gegenteil: Viele haben mit Trennkost ihr Wunschgewicht erreicht.
Was liegt da näher, als seinen Speiseplan um leckere Gerichte aus dem letzten Urlaub zu erweitern. Mallorca, Ibiza und die übrige Inselwelt der Balearen zählen zu den beliebtesten Ferienzielen Europas – auch wegen der dortigen Küche, die immer mehr Anhänger findet. Zaubern Sie mit typischen Gerichten von den Balearen den Duft der Urlaubsküche in Ihr Heim. Und freuen Sie sich: Die mallorquinische Küche lässt sich hervorragend mit der Trennkost vereinbaren.

Kleine Inseln – große Urlaubsparadiese

Die spanischen Inseln verwöhnen ihre Besucher nicht nur mit viel Sonne und mildem Klima. Tiefblauer Himmel, kilometerlange, feinsandige Badestrände, zauberhafte kleine Buchten, schroffe Felsen und gemütliche Fischerdörfer lassen die Inseln zu wahren Urlaubsparadiesen für jedermann werden. Besonders hoch im Kurs liegt Mallorca – hier kommen Erlebnishungrige und Ruhesuchende gleichermaßen auf ihre Kosten. Die Vielfalt der Kulturen, die Farbenpracht spanischer Fiestas und natürlich die reichhaltige, landestypische Küche machen den ganz besonderen Reiz Mallorcas aus.

Wer auf Entdeckungstouren geht, kann ganzjährig die üppige Vegetation dieser einzigartigen Inselwelt bewundern. Im Frühling beginnt die berühmte Mandelblüte, später überziehen dann Blumenteppiche aus gelben Margeriten und roten Mohnblumen die Insel. Malerisch stehen die knorrigen Oliven- und Johannisbrotbäume auf fruchtbaren Terrassenfeldern, die teilweise noch aus den Zeiten der Mauren stammen. Auf der ganzen Insel kann der Urlauber Paläste, Klöster, Moscheen und Kathedralen bestaunen.

Schätze aus der Küche

So vielfältig wie die Inseln selbst, so ideenreich ist auch ihre Küche. Geprägt durch die bäuerliche Kultur ist der kulinarische Stil auf den Inseln etwas einfacher und bodenständiger als die Küche des spanischen Festlandes. Ob in Spanien oder auf Mallorca zubereitet, jedes Gericht ist eine wahre Gaumenfreude. Da gibt es Einfaches wie Garnelen in Knoblauchöl oder geröstetes Brot mit Tomaten, aber auch Raffiniertes wie Paella oder Fisch in der Salzkruste.
Kleine Läden auf dem Land bieten typische Inselprodukte wie Mandeln, eingelegte Oliven, Tomaten, Rosinen, Datteln, Feigen und natürlich einen hervorragenden Ziegen- und Schafskäse. Auch Fischliebhaber sind auf den spanischen Inseln bestens aufgehoben. Ob Langusten, Seezunge, Sardinen oder Tintenfisch, alles kommt frisch auf den Tisch. Dazu ein Gläschen spanischen Weines in einer der urigen Bodegas – und der Urlaubsgenuss ist perfekt.

Ein besonderes Erlebnis sind auch die bunten Wochenmärkte, die Meersfrüchte, Fleisch, mageren Schinken, Käse und natürlich frisches Obst, Gemüse sowie Salate in großer Vielfalt anbieten. Übrigens: Gemüse ist der Küchenhit überhaupt. Es wird mariniert, gedünstet oder roh gegessen. Rezepte von den Balearen, aber auch aus Spanien sind ohne Gemüse kaum denkbar und kommen damit der Trennkost sehr entgegen.
Schauen Sie sich aber zunächst die wichtigsten Prinzipien der Trennkostlehre an.

Gesund und fit mit Trennkost

Das **Trennungsprinzip** ist ein wesentliches Merkmal der Trennkost und bedeutet, dass überwiegend eiweißhaltige Nahrungsmittel (Fleisch, Fisch oder Eier) und überwiegend kohlenhydrathaltige Nahrungsmittel (Kartoffeln, Reis oder Brot) getrennt verzehrt werden. In der Praxis ist das Trennen ganz einfach: Essen Sie mittags zum Beispiel eiweißreiche Lebensmittel wie Fleisch oder Fisch und bereiten Sie sich abends eine Kohlenhydratmahlzeit aus Kartoffeln oder Reis zu. Wenn Sie wollen, können Sie die Reihenfolge auch tauschen. Wichtig ist nur, eiweißreiche Lebensmittel nicht mit kohlenhydratreichen innerhalb einer Mahlzeit zu kombinieren.
Eine ideale Ergänzung für beide Mahlzeiten sind aber Gemüse und Salate. Diese Lebensmittel gehören zu der so genannten „neutralen Gruppe", die sich sowohl mit Eiweißen als auch mit Kohlenhydraten verträgt. Eine neutrale Mahlzeit können Sie natürlich auch für sich allein essen, zum Beispiel als kleines Gericht zwischendurch oder am Abend, wenn Sie einfach nur einen großen Salatteller essen möchten.
Doch welche Nahrungsmittel müssen nun getrennt und welche können gemeinsam verzehrt werden? Der Trennungsplan auf den Seiten 8 und 9 macht es Ihnen ganz leicht. Hier können Sie nachsehen, welche Lebensmittel in welche Gruppe gehören.
Sinn und Zweck der Trennung ist es, die Verdauungsorgane bei ihrer täglichen Arbeit zu entlasten und den Verlust unnötiger Energien zu vermeiden. Dadurch kommt es nach dem Essen auch nicht zu einem Leistungsknick. Sogar nach einer reichhaltigen Mahlzeit fühlt man sich frisch und fit.

Das ist bei einer gemischten Kost oft anders. Viele werden hier kurz nach dem Essen von einer bleiernen Müdigkeit befallen oder leiden an Sodbrennen, Völlegefühl oder Blähungen. Ungünstig zusammengestellte Nahrungsmittel können aber auch den gesamten Stoffwechsel in Mitleidenschaft ziehen. Die Entstehung von Krankheiten wie Gicht, Diabetes mellitus, Arthrose oder Durchblutungsstörungen wird auf diese Weise begünstigt.

Die Erreichung und das Einhalten eines **Säuren-Basen-Gleichgewichts** im Körper ist ein weiteres wesentliches Ziel der Trennkost. Um diesen sehr komplexen Zusammenhang besser zu verstehen, stellen Sie sich den eigenen Körper einmal als eine kleine biochemische Fabrik vor: Alle Speisen und Getränke, die wir zu uns nehmen, werden mit Hilfe der Verdauungssäfte in

kleinste Bausteine zerlegt und in die Blutbahn aufgenommen. Unser Stoffwechsel wandelt die Bausteine dann so lange um, bis er daraus Energie und Aufbaumaterial gewinnen kann. Trotz scheinbar reibungslos ablaufender Prozesse bleiben im Körper saure Abfallstoffe zurück. Hinzu kommen saure Rückstände aus chemischen Zusatzstoffen in Nahrungsmitteln, aus Kaffee, schwarzem Tee, Alkohol und Nikotin sowie solche, die durch Stress, Ärger und Streit gebildet werden.
Zum Glück verfügt unser Organismus über ein gut funktionierendes Puffersystem, das diese sauren Substanzen zum großen Teil neutralisiert und über Nieren, Darm, Haut und Lungen wieder ausscheidet. Doch eine unaufhörliche Überflutung mit sauren Abfallstoffen kann auch der gesündeste Organismus auf Dauer nicht verkraften: Der Körper übersäuert. Ein erstes Anzeichen kann eine andauernde, bleierne Müdigkeit sein. Da der Prozess der Übersäuerung recht schleichend vor sich geht, wird er nur wenig beachtet. In der Tat lässt sich unser Körper auch lange Zeit nichts anmerken, doch mit zunehmendem Alter können daraus die allen bekannten Zivilisationskrankheiten entstehen.
Als Ausgleich zu den gebildeten Säuren hat die Natur einen Gegenspieler, die so genannten Basen, geschaffen. Sie haben eine neutralisierende Wirkung und verhindern so eine Übersäuerung. Zu den Basenbildnern zählen Gemüse, Salate, Obst, Keimlinge, Nüsse, Samen und Kartoffeln. Säurebildner sind dagegen Fleisch, Fisch, Eier und Käse, aber auch Zucker, polierter Reis und Weißmehlprodukte. Um ein Säure-Basen-Gleichgewicht im Körper aufrechtzuerhalten, empfiehlt Dr. Hay, der Begründer der Trennkostlehre, die Mahlzeiten zu 20 % aus säurebildenden und zu 80 % aus basenbildenden Lebensmitteln zusammenzustellen. Ein Gericht mit wenig Fleisch und einer großen Portion Gemüse würde dieser Empfehlung entsprechen.

Die Berücksichtigung der **Vollwertkost** gehört ebenfalls zu den Prinzipien der Trennkost. Bevorzugen Sie deshalb naturbelassene Nahrungsmittel. Diese sind so wenig wie möglich bearbeitet. Vorteil: Der natürliche Gehalt an Vitalstoffen bleibt weitgehend erhalten. Zu den Vitalstoffen gehören lebenswichtige Vitamine, Mineral- und Ballaststoffe. Diese braucht unser Körper, um gesund und leistungsfähig zu bleiben. Vollkornprodukte und Rohkost sind nicht immer leicht verträglich. Wer einen empfindlichen Magen oder Darm hat, sollte seine Ernährung deshalb langsam umstellen und zunächst ausprobieren, welche Gemüsesorten er auch roh essen kann oder welches Vollkornbrot er verträgt. Besonders wichtig ist auch das gründliche Kauen und eine ausreichende Flüssigkeitszufuhr von täglich 1½ bis 2 Litern. Empfehlenswerte Getränke sind Kräuter- und andere Tees, Mineralwasser oder verdünnte Obstsäfte.

Dass die **Trennkost im Alltag** immer beliebter wird, liegt auch an der einfachen und schnellen Zubereitung. Trennkost lässt sich darüber hinaus gut mit der Familie vereinbaren: Wer nicht trennen möchte, ergänzt seine Mahlzeiten ganz einfach durch entsprechende Beilagen. Ein Beispiel für einen Tag mit Trennkost zeigt die folgende Übersicht.

Ein Tag mit Trennkost

Frühstück
z. B. Vollkornbrot mit Quark und Radieschen

Zwischendurch
z. B. Hüttenkäse mit klein geschnittenem Apfel

Mittagessen
Eiweiß: z. B. Knoblauchhähnchen (S. 42),
dazu: Grüner Salat (neutral, S. 51)
oder
Kohlenhydrate: z. B. Gemüsepaella (S. 30),
dazu: Tomatensalat (neutral)

Nachmittags
1 Stück Mandelkuchen (S. 56)

Abendessen
Kohlenhydrate: z. B. Ofenkartoffeln mit Käsesauce (S. 36)
oder
Eiweiß: z. B. Bunter Salat mit Manchego (S. 21)

So wird die Küche der Balearen trennkostgerecht

Da die Vollwertkost in ganz Spanien nur zögernd Einzug hält, sich die Trennkostküche aber der vollwertigen Ernährung verpflichtet fühlt, stellt sich natürlich die Frage, wie die spanische Küche mit der Trennkost zu vereinbaren ist? Kein Problem! Die hier verwendeten landestypischen Rezepte wurden vollwertig gestaltet und trennkostgerecht zusammengestellt. Einige Besonderheiten sind nachfolgend aufgelistet.

Paella ist *das* spanische Nationalgericht und natürlich auch auf den Inseln beheimatet. Da sie mit viel Fleisch, Fisch und Reis zubereitet wird, haben wir eine schmackhafte fleischlose Gemüsepaella kreiert, die sicherlich ihre Anhänger finden wird.

Viele spanische Gerichte werden traditionell mit **Schweineschmalz** zubereitet. Empfehlenswerter ist das gesündere Olivenöl. Sie können aber auch Sonnenblumenöl oder ein anderes hochwertiges Öl verwenden. Achten Sie darauf, pflanzliche Öle nicht zu stark zu erhitzen.

Olivenöl ist ein wichtiger Bestandteil der spanischen Küche. Von bester Qualität ist das hochwertige Aceite de oliva virgin extra, zu deutsch natives Olivenöl extra. Olivenöl sollte immer kühl und dunkel aufbewahrt werden, damit es seine Qualität behält.

Spanische Tapas sind weltberühmt und ebenso schnell wie einfach zubereitet. Überraschen Sie einmal Ihre Freunde oder Arbeitskollegen mit diesen kleinen Snacks, von denen es Hunderte gibt. Tapas müssen nicht aufwendig sein, gebratene Mandeln oder mariniertes Gemüse reichen oft aus. Diese Snacks stillen den kleinen Hunger zwischendurch und belasten den Magen nicht.

Die besonderen Kennzeichen der spanischen Trennkostküche sind ihre gute Bekömmlichkeit, ihre schnelle Zubereitung und natürlich ihr ausgezeichneter Geschmack. Lassen Sie sich nun von den Rezepten auf eine kulinarische Reise nach Mallorca, Ibiza & Co. entführen. Viel Spaß beim Nachkochen und Genießen.

Trennungsplan

Innerhalb einer Mahlzeit dürfen zur Eiweiß- und zur Kohlenhydratgruppe gehörende Lebensmittel nicht gemischt werden.

Sie können aber eiweiß- und kohlenhydratreiche Nahrungsmittel mit Lebensmitteln aus der neutralen Gruppe kombinieren.

Eiweißgruppe

alle Fleischsorten im gegarten Zustand von Rind, Kalb, Lamm und Hammel; Schweinefleisch ist nicht empfehlenswert;

alle gegarten Geflügelsorten;

gegarte Wurstsorten, z. B. gebratene Bratwurst, Fleischwurst, Leberkäse, Rindswurst, Knacker, Corned Beef, gekochter Schinken, Geflügelwurst;

ungeräucherte, gegarte Fischsorten sowie Schalen- und Krustentiere im gegarten Zustand;

Sojaprodukte, z. B. Tofu, Sojasauce sowie mit Soja hergestellte Brotaufstriche;

Eier;

Milch aller Fettstufen;

Käse mit höchstens 50 % Fett i. Tr.;

gekochte Tomaten;

Getränke, z. B. Früchtetee, Apfelwein, herber Weiß- und Rotwein sowie Sekt;

Beerenfrüchte (außer Heidelbeeren);

Kernobst (außer mürben, süßen Äpfeln);

Steinobst;

Zitrusfrüchte, z. B. Orangen, Zitronen und Grapefruits;

exotisches Obst (außer Bananen). (Dr. Hay ordnet säurereiche Obstsorten zwar der Eiweißgruppe zu, jedoch hat es sich in meinen Gruppen bewährt, nur geringe Mengen davon mit anderen Lebensmitteln aus der Eiweißgruppe zu mischen. Oder essen Sie diese Obstsorten nur zusammen mit Milch oder angesäuerten Milchprodukten.)

Neutrale Gruppe

Fette, z. B. Öle (kaltgepresste bevorzugen), ungehärtete Margarinesorten mit einem hohen Anteil an mehrfach ungesättigten Fettsäuren (aus dem Reformhandel) und Butter;

gesäuerte Milchprodukte, z. B. Joghurt, aber auch vergorenes Molkekonzentrat;

süße Sahne und **Kaffeesahne;**

Käse mit mindestens 60 % Fett i. Tr.;

Weißkäse, z. B. Schafs- und Ziegenkäse, Mozzarella, körniger Frischkäse;

rohe, geräucherte Wurstwaren, z. B. Bündner Fleisch, roher Schinken, Salami, Debrecziner, Landjäger;

rohes Fleisch, z. B. Tatar (sollte aber möglichst gemieden werden);

rohe marinierte oder geräucherte Fischsorten, z. B. Schillerlocke, Makrele, Bismarckhering, Matjes;

folgende Gemüse- und Salatsorten sowie Pilze: Auberginen, Artischocken, Brokkoli, Blumenkohl, grüne Bohnen, grüne Erbsen, Fenchel, Gurken, Knoblauch, Kohlrabi, Lauch, frischer Mais, Möhren, Paprika, Peperoni, Radieschen, Rettich, Rote Beten, Rosenkohl, Rotkohl, Sauerkraut, Sellerie, Spargel, Spinat, rohe Tomaten, Weißkohl, Wirsing, Zwiebeln, Zucchini, alle Blattsalate (auch z. B. Eisberg-, Endivien- und Feldsalat), Chicorée und Chinakohl sowie Austernpilze, Champignons, Pfifferlinge & Co.;

Sprossen und Keimlinge;

Kräuter und Gewürze;

Nüsse und Samen (außer Erdnüssen), z. B. Haselnüsse, Kokosraspel, Mandeln, Sesam, Sonnenblumenkerne;

Heidelbeeren;

ungeschwefelte Rosinen;

Oliven;

Eigelb;

Hefe;

klare, hochprozentige Spirituosen;

Kräutertees;

Geliermittel, z. B. Gelatine, Agar-Agar, pflanzliche Bindemittel (z. B. aus Johannisbrotkernmehl).

Kohlenhydratgruppe

Getreidesorten, z. B. Dinkel, getrockneter Mais, Naturreis;

Buchweizen;

Vollkorngetreideerzeugnisse, z. B. Vollkornbrot, Vollkornnudeln;

folgende **Gemüse- und Obstsorten:** Kartoffeln, Topinambur, Grünkohl, Schwarzwurzeln, Bananen, ungeschwefeltes Trockenobst (außer Rosinen – sie sind neutral; Korinthen hingegen zählen zu den Kohlenhydraten), frische Datteln und Feigen und mürbe, süße Äpfel;

folgende **Süßungsmittel:** Frutilose (natürliche Fruchtsüße ohne Zuckerzusatz, aus dem Reformhaus), Honig, Ahornsirup, Birnen- und Apfeldicksaft;

Verschiedenes, wie z. B. Kartoffelstärke, Weinsteinbackpulver, Puddingpulver, Karobe;

Bier.

Bitte meiden

weißes Mehl und daraus hergestellte Produkte, z. B. süße und pikante Backwaren sowie Nudeln;

polierter Reis;

Zucker, Süßstoffe und damit hergestellte Produkte, z. B. Süßigkeiten und Marmeladen;

Fertiggerichte und Konserven;

getrocknete Hülsenfrüchte;

Erdnüsse;

Preiselbeeren;

Schweinefleisch sowie alle daraus hergestellten Produkte;

rohes Fleisch;

rohes Eiweiß von Eiern;

fertige Mayonnaise; säurereicher Essig;

gehärtete Fette, z. B. normale Margarinesorten und feste, weiße Frittier- und Bratfette (Plattenfette);

schwarzer Tee, Kaffee, Kakao und hochprozentige Spirituosen.

Ob Sie ganz auf die genannten Lebensmittel verzichten, liegt an Ihnen.

Die Rezepte

Die Rezepte

Gefüllte Teigtaschen

- Eiweiß
- neutral
- **Kohlenhydr. ✓**
- einfach
- **vegetarisch ✓**
- schnell
- vitaminreich
- **fürs Büro ✓**

Für 8 Stück

- Zubereitungszeit: ca. 40 Min.
- Backzeit: ca. 12 Min.
- ca. 260 kcal je Stück

250 g feines Dinkelvollkornmehl •
1 P. Weinsteinbackpulver •
80 ml Wasser • 60 ml Sahne •
4 EL kaltgepresstes Olivenöl •
etwas Meersalz •
2 EL kalte Butter

150 g frischer Blattspinat • 1 Zwiebel

100 g Schafskäse • 1 Knoblauchzehe

etwas flüssige Butter

1 Eigelb

1. Für den Teig das Mehl mit dem Backpulver mischen. Mit Wasser, Sahne, 3 EL Öl, Salz und Butter zu einem geschmeidigen Teig verkneten. Den Teig kurz ruhen lassen, in 8 Portionen teilen und zwischen Klarsichtfolie dünn ausrollen.

2. Für die Füllung den Spinat putzen, waschen und grob hacken. Die Zwiebel klein würfeln. Den Backofen auf 180 °C (Umluft 150 °C, Gas Stufe 2) vorheizen.

3. In einer Pfanne 1 EL Öl nicht zu stark erhitzen und die Zwiebeln darin goldgelb rösten. Den Spinat hinzufügen und 2–3 Minuten anbraten, von der Kochstelle nehmen und leicht auskühlen lassen.

4. Anschließend den Schafskäse unter den Spinat rühren. Nach Belieben die Knoblauchzehe schälen und dazupressen.

5. Die Teigfladen mit der flüssigen Butter bestreichen. Etwas Gemüse-Käse-Füllung auf den Teigstücken verteilen. Dann diese zusammenklappen und die Ränder gut andrücken.

6. Ein Backblech einfetten, die Teigtaschen darauf legen und mit dem verquirlten Eigelb bestreichen. Im Ofen auf der mittleren Schiene etwa 10 – 12 Minuten backen.

Variationen

Der spanische Begriff für die Teigtaschen ist Empanada, und Empanadas gibt es in unzähligen Variationen. Lassen also auch Sie Ihrer Phantasie bei der Füllung freien Lauf. Einige Beispiele:

Gekochten Rosenkohl pürieren, mit klein geschnittenen, gedünsteten Zwiebeln, gemahlenen Haselnüssen und gewürfeltem Schafskäse mischen, mit Salz, Cayennepfeffer und Muskat abschmecken.

Pürieren Sie für die Füllung in Öl eingelegte, getrocknete Tomaten mit gehackten Mandeln, Knoblauch und jeweils einer klein geschnittenen roten Chili- und Paprikaschote. Schmecken Sie die Füllung mit Salz ab und legen Sie in jede Teigtasche noch ein Basilikumblatt dazu.

Oder nehmen Sie anstelle des Spinats für das hier abgebildeten Rezept Rucola oder eine Kräutermischung.

Geröstetes Brot mit Knoblauch

1 Scheibe Vollkornbrot • etwas Meersalz • 1 Knoblauchzehe • 1 1/2 EL kaltgepresstes Olivenöl
1 Strauchtomate
30 g Rinderschinken (dünn geschnitten)

1. Die Brotscheibe rösten und leicht salzen. Die Knoblauchzehe schälen und damit das geröstete Brot einreiben. Anschließend die Brotscheibe gleichmäßig mit dem Öl beträufeln.

2. Die Tomate waschen, trockenreiben, halbieren und die Schnittflächen kräftig in die Brotscheibe hineinreiben, bis alles Fruchtfleisch verrieben ist.

3. Das Brot mit einer Scheibe Schinken belegen oder den Rinderschinken dazu reichen.

Tipp

Zu dem gerösteten Brot passen sehr gut eingelegte Perlzwiebeln. Diese können Sie auch selbst herstellen: Dafür werden 125 g frische Perlzwiebeln etwa 2 Minuten in kochendem Wasser blanchiert, geschält und trockengerieben.

Die Perlzwiebeln anschließend in Olivenöl braten, bis sie eine goldgelbe Farbe annehmen. Mit etwa 50 ml Obstessig ablöschen. Ein kleines Stück fein gewürfelte Chilischote hinzugeben, mit Honig, Thymian und Nelke würzen sowie mit Meersalz und Cayennepfeffer abschmecken. Die Zwiebeln dann noch etwa 8 Minuten köcheln lassen.

Eiweiß
neutral
Kohlenhydr. ✓
einfach ✓
vegetarisch
schnell ✓
vitaminreich
fürs Büro

Für 1 Person

- Zubereitungszeit: ca. 10 Min
- ca. 300 kcal je Portion

Gebratene Mandeln

2 EL kaltgepresstes Olivenöl • 50 g geschälte Mandeln
etwas Meersalz

1. Das Olivenöl in einer Pfanne erhitzen und die Mandeln darin goldgelb rösten.

2. Die Mandeln aus der Pfanne nehmen, auf Küchenkrepp abtropfen lassen und mit wenig Salz bestreuen.

Tipp

Gebratene Mandeln sind ein typischer Bestandteil des spanischen Tapa-Angebots. Tapas sind kleine Happen für zwischendurch – als zweites Frühstück, als kleiner Happen vor dem Abendessen und natürlich gehören Tapas auch abends dazu, wenn kleine oder große Runden zu Hause oder in der Tapabar zusammensitzen.

Das dazu passende Getränk ist in jedem Fall ein Sherry, zum Beispiel ein Fino oder ein Manzilla, die mit ihrem feinen Mandelgeschmack auch sehr gut zu den gebratenen Mandeln passen.

Eiweiß
neutral ✓
Kohlenhydr.
einfach ✓
vegetarisch ✓
schnell ✓
vitaminreich
fürs Büro ✓

Für 1 Person

- Zubereitungszeit: ca. 10 Min.
- ca. 500 kcal je Portion

Galizischer Kuchen

Eiweiß
neutral
Kohlenhydr. ✓
einfach ✓
vegetarisch ✓
schnell
vitaminreich
fürs Büro ✓

Für 10 Stück
- Zubereitungszeit: ca. 30 Min.
- Backzeit: ca. 25 Min.
- ca. 360 kcal je Stück

200 g Vollkornbaguette •
6 Eigelb • 150 g flüssiger Honig •
120 ml Wasser • 80 ml Sahne
150 g getrocknete Feigen •
150 g ungeschwefelte Rosinen •
150 g Mandelstifte • etwas Meersalz •
1 TL Kreuzkümmelpulver
Butter für die Form • 4 EL Mandelblättchen

1. Von dem Vollkornbaguette die harten Ränder entfernen, dann das Brot in Scheiben und anschließend in etwa 1 cm große Würfel schneiden.

2. Die Eigelbe mit dem Honig verschlagen. Das Wasser und die Sahne mischen und unter die Honigcreme rühren. Die Brotwürfel zufügen. Den Backofen auf 200 °C (Umluft 170 °C, Gas Stufe 3) vorheizen.

3. Die Feigen würfeln und mit den Rosinen sowie den Mandelstiften unter den Brotteig mischen. Mit dem Salz und dem Kreuzkümmel würzen.

4. Eine Auflaufform mit Butter einfetten, den Teig hineingeben und glatt streichen. Die Mandelblättchen darauf verteilen. Den Kuchen im Ofen auf der mittleren Schiene in 20 – 25 Minuten backen. Ihn anschließend auskühlen lassen und in der Form servieren.

Kreuzkümmel

Kreuzkümmel hat einen kräftigen Geruch und einen brennenden, etwas bitteren Geschmack. Er wird vor allem in der arabischen, indischen und mexikanischen Küche verwendet und passt zu Suppen, Gemüse, Reis, Hülsenfrüchten, Eintöpfen, Rindfleisch, Marinaden und Backwaren.

Kreuzkümmel ist Bestandteil von Curry und Chilipulver. In Nordafrika gehört Kreuzkümmel zu den wichtigsten Gewürzen des Couscous, in Osteuropa wird er als klassisches Brotgewürz eingesetzt.

Maisbrot

40 g frische Hefe • 1 TL Honig
225 g feines Maismehl • 1 1/2 TL Meersalz
1 EL kaltgepresstes Olivenöl • 250 g Weizenvollkornmehl
etwas Öl für die Form

1. Die Hefe fein zerbröckeln, mit dem flüssigen Honig und 3 EL lauwarmem Wasser verrühren. Die Mischung mit einem Tuch zugedeckt für ungefähr 15 Minuten an einem warmen Ort gehen lassen.

2. In der Zwischenzeit das Maismehl mit dem Salz mischen. 1/4 Liter kochendes Wasser dazugeben, verrühren und die Mischung abkühlen lassen.

3. Die Hefemischung, das Öl und das Weizenmehl zu dem lauwarmen Maisbrei geben und alles zu einem geschmeidigen Teig verkneten. Den Teig an einem warmen Ort zugedeckt etwa 30 Minuten gehen lassen.

4. Inzwischen eine Springform (etwa 24 cm ø) mit Öl bestreichen. Den Backofen auf 175 °C (Umluft 150 °C, Gas Stufe 2) vorheizen. Dann den Teig nochmals gut durchkneten, zu einem Fladen formen und die Springform damit auslegen. Das Brot in der Form weitere 15 Minuten gehen lassen.

5. Dann das Fladenbrot im Ofen auf der mittleren Schiene etwa 40 Minuten backen, aus der Form stürzen und auskühlen lassen.

Eiweiß
neutral
Kohlenhydr. ✓
einfach
vegetarisch ✓
schnell
vitaminreich
fürs Büro ✓

Für 6 Personen
- Zubereitungszeit: ca. 30 Min.
- Zeit zum Gehen: ca. 1 Std.
- ca. 370 kcal pro Portion

Melone San Sebastian

Eiweiß ✓
neutral
Kohlenhydr.
einfach
vegetarisch
schnell
vitaminreich ✓
fürs Büro

Für 2 Personen

- Zubereitungszeit: ca. 30 Min.
- Kühlzeit: ca. 1 Std.
- ca. 350 kcal je Portion

10 ungekochte Garnelenschwänze • etwas Meersalz
1 rote Paprikaschote • 100 g Sellerie • 1 Möhre
1 kleine Zwiebel • 1 Knoblauchzehe • 4 Tomaten
3 EL kaltgepresstes Olivenöl • 1 EL Rotwein • 150 ml Wasser
$^1/_2$ TL Cayennepfeffer • 1 TL Kräutersalz • 1 TL getr. Basilikum
1 große Netzmelone

1. Die Garnelenschwänze schälen, dabei die Schwanzenden nicht abschneiden. Sie auf dem Rücken längs einschneiden und die Därme entfernen. Die Garnelen in wenig Salzwasser etwa 5–8 Minuten kochen. Aus dem Wasser nehmen und abkühlen lassen.

2. Die Paprikaschoten waschen, halbieren, putzen, entkernen und würfeln. Den Sellerie und die Möhre schälen, waschen und ebenfalls in Würfel schneiden.

3. Die Zwiebeln und den Knoblauch schälen und fein würfeln. Die Tomaten über Kreuz einritzen, mit kochendem Wasser überbrühen, abschrecken und enthäuten. Tomaten vierteln, entkernen und die Stielansätze abschneiden. Das Fruchtfleisch grob würfeln.

4. Das Olivenöl in einem Topf erhitzen und das Gemüse darin andünsten. Mit dem Rotwein ablöschen, das Wasser dazugießen und alles zum Kochen bringen.

5. Dann mit Pfeffer, Salz und Basilikum würzen und bei geringer Hitze zugedeckt etwa 15 Minuten köcheln lassen. Anschließend das Gemüse pürieren und abkühlen lassen.

6. Die Melone halbieren und die Kerne sowie einen Teil des Fruchtfleisches herauslösen. Das Melonenfleisch anderweitig verwenden. Die pikante Suppe in die Melonenhälften füllen und die Garnelen hinzufügen. Kalt servieren.

Tipps

Damit die Melonenhälften einen besseren Stand erhalten, den Boden etwa 2–3 Zentimeter gerade abschneiden.

Melonenhälften eignen sich auch für andere pikante Suppen als dekoratives Serviergefäß. Häufiger werden sie jedoch als Dessertschale eingesetzt.

Mit dem Melonenfleisch lassen sich leckere, leichte Desserts herstellen, zum Beispiel Meloneneis: Melonenfruchtfleisch mit Orangensaft, Orangenblütenwasser und etwas Honig pürieren und gefrieren. Mit geschlagener Sahne servieren.

Spinatsalat „Ibiza“

Eiweiß
neutral ✓
Kohlenhydr.
einfach ✓
vegetarisch ✓
schnell
vitaminreich ✓
fürs Büro

Für 2 Personen

- Zubereitungszeit: ca. 35 Min.
- ca. 410 kcal je Portion

400 g frischer Blattspinat
1 Zwiebel • 1 – 2 Knoblauchzehen • 100 g Austernpilze
1 El kaltgepresstes Olivenöl • 1/2 TL Meersalz
100 g Edelpilzkäse, 60 % Fett i. Tr. (z. B. Cambozola) • 80 g saure Sahne • 100 g Joghurt • 1 TL Paprikapulver (edelsüß)
2 Tomaten

1. Den Spinat verlesen, putzen, waschen und kurz in kochendem Wasser blanchieren. Danach abtropfen lassen und mit einem Wiegemesser grob zerkleinern.

2. Die Zwiebel und den Knoblauch schälen und in dünne Ringe bzw. Scheiben schneiden. Die Pilze sorgfältig mit Küchenkrepp abreiben, putzen und in kleine Würfel schneiden.

3. Das Olivenöl in einer Pfanne erhitzen und die Zwiebelringe sowie den Knoblauch darin goldgelb dünsten. Die Pilze und den Spinat unterrühren und alles leicht salzen. Vom Herd nehmen und abkühlen lassen.

4. Den Käse mit der sauren Sahne und dem Joghurt cremig rühren und mit dem Spinat vermischen. Auf 2 Tellern anrichten und mit Paprikapulver bestäuben.

5. Die Tomaten waschen, vierteln, den Stielansatz sowie die Kerne entfernen und das Fruchtfleisch würfeln. Die Tomatenwürfel als Kranz um den Spinat legen.

Eiweiß ✓
neutral
Kohlenhydr.
einfach ✓
vegetarisch ✓
schnell ✓
vitaminreich ✓
fürs Büro ✓

Bunter Salat mit Manchego

Für 2 Personen

- Zubereitungszeit: ca. 25 Min.
- ca. 490 kcal je Portion

je 1 gelbe und 1 grüne Paprikaschote • 2 Tomaten
1 kleine Salatgurke
1 kleine Knoblauchknolle • 2 1/2 EL kaltgepresstes Olivenöl
2 EL Zitronensaft • 100 ml Wasser • 1/2 TL Meersalz
100 g Manchego-Käse • 12 schwarze Oliven • 3 EL geh. glattblättrige Petersilie

1. Die Paprikaschoten waschen, halbieren, putzen, entkernen und in kleine Würfel schneiden. Die Tomaten waschen, vierteln, entkernen, von den Stielansätzen befreien und fein würfeln.

2. Die Salatgurke schälen, der Länge nach vierteln, mit einem Löffel entkernen. Dann die Gurke in dünne Spalten schneiden. Alles in einer Schüssel mischen.

3. Den Knoblauch in Zehen zerlegen. 1 EL Olivenöl in einer kleinen Pfanne erhitzen und den Knoblauch darin ungeschält braten.

4. Für die Sauce 1 1/2 EL Öl mit Zitronensaft, Wasser und Salz verrühren und über den Salat gießen.

5. Den Käse in kleine Würfel schneiden und zusammen mit dem gebratenen Knoblauch und den Oliven auf dem Salat verteilen. Mit der gehackten Petersilie bestreuen.

Tipp

Manchego-Käse ist ein spanischer Hartkäse, der aus Schaf- oder Ziegenmilch hergestellt wird. Ersatzweise kann auch Harvarti genommen werden.

oben: Grillpaprika al horno
unten: Knoblauch-Artischocken

Grillpaprika al horno

Eiweiß
neutral ✓
Kohlenhydr.
einfach ✓
vegetarisch ✓
schnell
vitaminreich ✓
fürs Büro

Für 2 Personen

- Zubereitungszeit: ca. 15 Min.
- Backzeit: ca. 20 Min.
- ca. 220 kcal je Portion

3 kleine rote Paprikaschoten
3 EL kaltgepresstes Olivenöl • etwas Meersalz
1 – 2 Knoblauchzehen
1/2 Bund gehackte Petersilie

1. Die Paprikaschoten waschen, vierteln, putzen und entkernen. Die Schoten auf ein gefettetes Backblech legen, mit Olivenöl beträufeln und leicht salzen. Den Backofen auf 180 °C (Umluft 150 °C, Gas Stufe 2) vorheizen.

2. Die Knoblauchzehen schälen, sehr fein hacken und auf den Paprikaschoten verteilen. Das Gemüse im Backofen auf der mittleren Schiene etwa 20 Minuten rösten.

3. Anschließend aus dem Ofen nehmen, abkühlen lassen und die dünne Haut von den Paprikaschoten vorsichtig abziehen. Mit gehackter Petersilie garnieren.

Variation

Gegrillte Paprikaschoten schmecken auch mariniert sehr gut:

1 Knoblauchzehe in 6 EL Olivenöl dünsten, 4 EL Obstessig und 1 EL Sherry hinzugeben und über die in Streifen geschnittenen Grillpaprika verteilen. Mit Meersalz und Cayennepfeffer würzen und mit 3 EL geschälten und gerösteten Mandelhälften bestreuen.

Knoblauch-Artischocken

Eiweiß
neutral ✓
Kohlenhydr.
einfach ✓
vegetarisch ✓
schnell
vitaminreich
fürs Büro

Für 2 Personen

- Zubereitungszeit: ca. 15 Min.
- Backzeit: ca. 20 Min.
- ca. 200 kcal je Portion

4 kleine junge Artischocken
3 EL kaltgepresstes Olivenöl • etwas Meersalz •
3 – 4 Knoblauchzehen

1. Von den Artischocken die Stiele mit den untersten Hüllblättern abschneiden. Die Früchte waschen und der Länge nach in etwa 1 Zentimeter dicke Scheiben schneiden. Den Backofen auf 200 °C (Umluft 170 °C, Gas Stufe 3) vorheizen.

2. Die Artischocken auf ein gefettetes Backblech legen, mit Olivenöl beträufeln und leicht salzen. Die Knoblauchzehen schälen, durch eine Presse drücken und auf den Artischockenscheiben verteilen.

3. Die Artischocken im Ofen auf der mittleren Schiene etwa 20 Minuten leicht knusprig backen. Sie anschließend sofort servieren.

Tipp

Die Knoblauch-Artischocken isst man mit den Händen, wobei nur der Artischockenboden und der untere Ansatz der Blätter verzehrt wird.

Achtung: Das faserige Heu, das sich auf den Artischockenböden befindet, sollten Sie keinesfalls essen. Sie können auch besonders kleine, junge Artischocken kaufen. Diese enthalten in der Regel nur wenig Heu. Fragen Sie Ihren Gemüsehändler.

Eiweiß ✓
neutral
Kohlenhydr.
einfach ✓
vegetarisch ✓
schnell ✓
vitaminreich ✓
fürs Büro

Blumenkohl „süßsauer“

1 kleiner Blumenkohl
1 1/2 EL kaltgepresstes Sonnenblumenöl • 5 EL Sahne • 1/2 TL Ahornsirup • 2 EL Zitronensaft • 1 TL Meersalz • 3 EL geh. Dill
2 EL ungeschwefelte Rosinen • 1 TL Paprikapulver (edelsüß)

Für 2 Personen

- Zubereitungszeit: ca. 25 Min.
- ca. 250 kcal je Portion

1. Den Blumenkohl putzen, in kleine Röschen zerteilen, waschen und in kochendem Wasser in etwa 12 Minuten bissfest garen.

2. Anschließend abgießen, dabei 80 ml des Blumenkohlwassers auffangen. Die Röschen gut abtropfen lassen und in eine Schüssel geben.

3. Für die Sauce das Öl mit Sahne, Blumenkohlwasser, Ahornsirup, Zitronensaft, Salz und Dill verrühren.

4. Die Rosinen waschen, abtropfen lassen und unter die Sauce rühren. Zum Schluss alles mit dem Blumenkohl vermischen. Mit dem Paprikapulver bestäuben.

- **Eiweiß ✓**
- neutral
- Kohlenhydr.
- **einfach ✓**
- vegetarisch
- **schnell ✓**
- vitaminreich
- fürs Büro

Garnelen in Knoblauchöl

Für 2 Personen

- Zubereitungszeit: 15 Min.
- ca. 620 kcal je Portion

6 Knoblauchzehen • 1/8 l kaltgepresstes Olivenöl
etwas Chilipulver • 18 ausgelöste Garnelenschwänze • etwas Meersalz
1 TL geh. Petersilie

1. Die Knoblauchzehen schälen und in Scheiben schneiden. Die Garnelen längs einschneiden und die Därme entfernen. Das Olivenöl in einer kleinen Pfanne sehr stark erhitzen.

2. Die Knoblauchscheiben, das Chilipulver und die Garnelen in die Pfanne geben. Leicht salzen und alles etwa 2 – 3 Minuten brodelnd kochen lassen.

3. Die Garnelen mit der gehackten Petersilie bestreuen und sofort servieren.

Tipps

Als Beilage passen sehr gut Salatherzen oder in Stücke geschnittener Eisbergsalat. Den Salat leicht salzen und mit etwas heißem Öl beträufeln.

Sie können dieses Gericht auch als Spieß anbieten. Stecken Sie dafür die Garnelenschwänze auf einen Spieß und braten Sie die Spieße in der Pfanne. Dazu können Sie eine Sauce reichen aus fein gehackten schwarzen Oliven, Olivenöl, ein wenig Zitronensaft und gehackter Petersilie. Mit Salz und Cayennepfeffer abschmecken.

oben: Gazpacho
unten: Mallorquinische Hühnersuppe

Gazpacho

Eiweiß ✓
neutral
Kohlenhydr.
einfach ✓
vegetarisch ✓
schnell
vitaminreich ✓
fürs Büro

Für 2 Personen

- Zubereitungszeit: 20 Min.
- Kühlzeit: 30 Min.
- ca. 160 kcal je Portion

1 Zwiebel • 1/2 kleine Salatgurke •
1 – 2 Knoblauchzehen • 4 Tomaten
1 rote Paprikaschote
1/2 TL Meersalz • 1 Msp. Cayennepfeffer •
1 EL Zitronensaft • 1 1/2 EL kaltgepresstes Olivenöl
1/8 l Eiswasser • 1 kleine grüne Paprikaschote

1. Die Zwiebel und die Gurke schälen und beides würfeln. Den Knoblauch schälen und durch eine Presse drücken. Die Tomaten über Kreuz einritzen, mit kochendem Wasser überbrühen, abschrecken und enthäuten. Tomaten vierteln, entkernen und die Stielansätze abschneiden. Das Fruchtfleisch würfeln.

2. Die rote Paprikaschote waschen, halbieren, putzen, entkernen und in grobe Stücke schneiden.

3. Das Gemüse pürieren und mit Salz, Knoblauch, Cayennepfeffer, Zitronensaft und Olivenöl abschmecken.

4. Das Ganze mit Eiswasser auffüllen und etwa 30 Minuten im Kühlschrank durchkühlen lassen. Inzwischen die grüne Paprikaschote waschen, halbieren, putzen, entkernen und fein würfeln. Vor dem Servieren über das Gazpacho streuen.

Mallorquinische Hühnersuppe

Eiweiß ✓
neutral
Kohlenhydr.
einfach ✓
vegetarisch
schnell
vitaminreich
fürs Büro

Für 2 Personen

- Zubereitungszeit: ca. 1 Std.
- ca. 340 kcal je Portion

400 g Hühnerklein • 600 ml Wasser •
1 TL Meersalz • 1/4 TL Cayennepfeffer
1 Bund Suppengrün
2 EL Schnittlauchröllchen

1. Das Hühnerklein in dem Wasser zum Kochen bringen. Mit Salz und Cayennepfeffer würzen. Im geschlossenen Topf bei mittlerer Hitze etwa 30 Minuten köcheln lassen.

2. Anschließend die Brühe durch ein Sieb in einen anderen Topf umgießen. Das Suppengrün putzen, waschen und in kleine Würfel schneiden. Dann zur Brühe geben.

3. Das Hühnerklein von den Knochen lösen, klein schneiden und ebenfalls zur Brühe geben. Zugedeckt etwa 20 Minuten bei geringer Hitze garen. Zum Schluss die Suppe mit den Schnittlauchröllchen bestreut servieren.

Tipp

Sie sparen Zeit, wenn Sie von der Suppe eine größere Menge zubereiten: Nehmen Sie dazu ein Suppenhuhn, füllen so viel kaltes Wasser auf, dass es gerade bedeckt ist und garen es wie im Rezept beschrieben etwa 1 Stunde. Erhöhen Sie auch die Gemüsemenge (Möhren, Lauch oder Frühlingszwiebeln).

Katalanische Paprikasuppe

1 rote Paprikaschote • 2 Tomaten • 3 kleine Schalotten • 1 Stück Sellerie (ca. 125 g) • 1 große Möhre

2 EL kaltgepresstes Olivenöl

3/8 l veg. Gemüsebrühe (Instant) • 1/2 TL Thymian • 1/2 TL Oregano • 1 Msp. Cayennepfeffer • 1 Msp. geriebene Muskatnuss • 1 TL Rosenpaprika

1 Eigelb • 2 EL geriebener Parmesankäse

1. Die Paprika waschen, vierteln, putzen, entkernen und würfeln. Die Tomaten über Kreuz einritzen, mit kochendem Wasser überbrühen und enthäuten. Tomaten vierteln, entkernen und die Stielansätze abschneiden. Das Fruchtfleisch würfeln. Die Schalotten schälen und klein würfeln. Den Sellerie und die Möhre schälen und ebenfalls würfeln.

2. Das Olivenöl in einem Topf erhitzen und die Schalottenwürfel darin glasig dünsten. Dann nach und nach das restliche Gemüse unter Rühren hinzufügen und alles zusammen gut durchschmoren lassen.

3. Die Brühe aufgießen und die Suppe etwa 10 Minuten bei mittlerer Hitze köcheln lassen. Mit Thymian, Oregano, Pfeffer, der geriebenen Muskatnuss und Rosenpaprika pikant würzen.

4. Das Eigelb mit etwas heißer Suppe verrühren. Die Suppe vom Herd nehmen und das Eigelb vorsichtig unterrühren. Zum Schluss alles mit geriebenem Parmesankäse bestreuen.

Eiweiß ✓
neutral
Kohlenhydr.
einfach ✓
vegetarisch ✓
schnell
vitaminreich
fürs Büro

Für 2 Personen

- Zubereitungszeit: ca. 40 Min.
- ca. 290 kcal je Portion

Geröstete Mandelcremesuppe

125 g ganze Mandeln • 1 kleine Zwiebel •
1 – 2 Knoblauchzehen
1 1/2 EL kaltgepresstes Olivenöl
400 ml veg. Gemüsebrühe (Instant) •
1 Msp. geriebene Muskatnuss
3 EL Mandelblättchen • 1 EL gehackte Petersilie

1. Die Mandeln mit kochendem Wasser überbrühen, kurz abschrecken und häuten. Die Zwiebel und die Knoblauchzehen schälen und fein würfeln.

2. Das Öl in einem Topf erhitzen und die Zwiebel- und Knoblauchwürfel darin glasig dünsten. Die Mandeln dazugeben und alles einige Minuten unter Rühren anbraten.

3. Mit der Gemüsebrühe auffüllen und etwa 20 Minuten bei mittlerer Hitze zugedeckt köcheln lassen. Anschließend die Suppe mit dem Pürierstab fein mixen und mit der geriebenen Muskatnuss abschmecken.

4. In der Zwischenzeit die Mandelblättchen in einer Pfanne ohne Fett goldbraun rösten. Die Suppe mit den Mandelblättchen und der gehackten Petersilie bestreuen.

Tipp

Mandeln sollten immer mit dem braunen Schalenhäutchen gekauft werden, da sie so ihr feines Aroma besser behalten. Zum Enthäuten werden sie 2 bis 3 Minuten in kochendem Wasser blanchiert und anschließend abgeschreckt. Nach dem Abkühlen lässt sich die Haut einfach zwischen Daumen und Zeigefinger abreiben.

Eiweiß
neutral ✓
Kohlenhydr.
einfach ✓
vegetarisch ✓
schnell ✓
vitaminreich
fürs Büro

Für 2 Personen

- Zubereitungszeit: 30 Min.
- ca. 370 kcal je Portion

Gemüsepaella

Eiweiß
neutral
Kohlenhydr. ✓
einfach ✓
vegetarisch ✓
schnell
vitaminreich ✓
fürs Büro

Für 2 Personen

- Zubereitungszeit: ca. 1 Std.
- ca. 650 kcal je Portion

1 kleine Zucchini • 1 rote Paprikaschote • 125 g kleine Champignons
1 Zwiebel • 1 Knoblauchzehe • 6 EL kaltgepresstes Olivenöl
100 g Vollkorn-Basmatireis • 1/2 TL Safran
300 ml veg. Gemüsebrühe (Instant)
1/2 Aubergine • 2 TL Meersalz
4 EL TK-Erbsen • 12 geschälte Mandeln • 12 schwarze Oliven • 1 TL Kräutersalz
1 Bund glattblättrige Petersilie

1. Die Zucchini putzen, waschen und in fingerdicke Stifte schneiden. Die Paprikaschote waschen, vierteln, putzen und in schmale Streifen schneiden. Die Champignons mit Küchenkrepp abreiben und putzen.

2. Die Zwiebel und den Knoblauch schälen und beides fein würfeln. 2 EL Öl in einer Pfanne erhitzen und Zwiebel sowie Knoblauch darin glasig dünsten.

3. Den Reis dazugeben und kurz mitbraten. Den Safran darüber stäuben, das restliche Gemüse und die Pilze hinzufügen. Alles unter Rühren schmoren lassen.

4. Dann die Reismischung mit der Gemüsebrühe ablöschen und bei mittlerer Hitze etwa 25 Minuten garen.

5. Inzwischen die Aubergine waschen und in 1 Zentimeter breite Scheiben schneiden, diese mit Salz bestreuen und 10 Minuten ziehen lassen. Trockentupfen und in einer weiteren Pfanne in 4 EL Öl von jeder Seite braun braten.

6. Die Erbsen, die Mandeln und die Oliven zur Paella geben und alles etwa 5 Minuten weitergaren bis die Flüssigkeit fast ganz aufgesogen ist. Mit Kräutersalz würzen.

7. Zum Schluss die Auberginenscheiben dekorativ auf die Paella setzen. Mit der gewaschenen Petersilie garnieren und in der Pfanne servieren.

Tipp

Wenn Sie keinen Vollkorn-Basmatireis bekommen oder diesen Duftreis nicht so gerne essen, können Sie auch Vollkorn-Langkornreis nehmen.

Oliven

Die Olive zählt zu den ältesten Kulturpflanzen des Mittelmeerraumes. Frisch geerntete Oliven sind ungenießbar und müssen erst für mehrere Monate in Öl, Wasser und Salz eingelegt werden. Oliven kommen häufig entkernt und mit Paprika, Mandeln oder Kapern gefüllt auf den Markt.

Grüne Oliven enthalten etwas mehr Fett als schwarze Oliven. Aufgrund seines hohen Gehalts an einfach ungesättigten Fettsäuren ist das Olivenöl aber besonders empfehlenswert.

Nudelauflauf mit Schafskäse

- Eiweiß
- neutral
- **Kohlenhydr. ✓**
- **einfach ✓**
- **vegetarisch ✓**
- schnell
- **vitaminreich ✓**
- **fürs Büro ✓**

Für 2 Personen

- Zubereitungszeit: ca. 45 Min.
- ca. 710 kcal je Portion

150 g Vollkorn-Rigatoni • 1/2 TL Meersalz

200 g Lauch • 1 rote Paprikaschote • 1 Zucchini

2 EL kaltgepresstes Olivenöl • 1 TL getr. Oregano • 1/2 TL Chilipulver

220 ml veg. Gemüsebrühe (Instant) • 80 ml Sahne • 1 Eigelb • 1/2 TL geriebene Muskatnuss

2 EL geh. schwarze Oliven • 100 g Schafskäse

1. Die Nudeln in reichlich Salzwasser in etwa 10 Minuten bissfest garen. Sie dann abgießen und gut abtropfen lassen.

2. Inzwischen den Lauch putzen, waschen, der Länge nach vierteln und in 4 Zentimeter lange Stücke schneiden. Die Paprikaschote waschen, halbieren, putzen und in Streifen schneiden. Die Zucchini putzen, waschen und in Stifte schneiden.

3. Den Backofen auf 200 °C (Umluft 170 °C, Gas Stufe 3) vorheizen. Das Öl in einer Pfanne nicht zu stark erhitzen und das Gemüse unter Rühren darin einige Minuten andünsten. Mit Oregano und Chilipulver pikant würzen.

4. Anschließend die gekochten Nudeln mit dem Gemüse in eine mittelgroße Auflaufform schichten. Die Gemüsebrühe mit der Sahne sowie dem Eigelb verquirlen und mit Muskatnuss würzen. Die Sauce über die Nudeln gießen.

5. Die gehackten Oliven unter die Nudelmasse mischen. Den Schafskäse würfeln und über den Auflauf geben. Alles im Ofen auf der mittleren Schiene etwa 20 Minuten überbacken.

Rosinenreis mit Mandeln

Eiweiß
neutral
Kohlenhydr. ✓
einfach ✓
vegetarisch ✓
schnell
vitaminreich
fürs Büro ✓

Für 2 Personen

- Zubereitungszeit: ca. 40 Min.
- ca. 610 kcal je Portion

200 ml Sahne • 300 ml Wasser •
etwas Meersalz • 1 TL Vanillepulver • 3 EL Honig •
abgeriebene Schale 1/2 unbehandelten Zitrone

120 g Vollkornmilchreis •
50 g ungeschwefelte Rosinen

4 EL Mandelblättchen

1. Die Sahne mit dem Wasser mischen und zusammen mit Salz, Vanillepulver, Honig und Zitronenschale in einen Topf geben und zum Kochen bringen.

2. Den Milchreis waschen, abtropfen lassen und in die kochende Flüssigkeit einrühren. Die Rosinen waschen, ebenfalls der Flüssigkeit hinzufügen und alles unter gelegentlichem Rühren etwa 35 Minuten bei geringer Hitze ausquellen lassen.

3. Kurz vor Ende der Garzeit die Mandelblättchen ohne Fett in einer Pfanne rösten. Den Rosinenreis mit den Mandelblättchen bestreuen.

Tipps

Als Vorspeise zum Rosinenreis eignet sich sehr gut ein frischer Möhrensalat.

Sie können den Rosinenreis mit Mandeln auch als Dessert essen. Dann reichen die angegebenen Mengen für 4 Personen.

oben: Carmens Kartoffelgratin
unten: Paprikasalat

Carmens Kartoffelgratin

- Eiweiß
- neutral
- Kohlenhydr. ✓
- einfach ✓
- vegetarisch ✓
- schnell
- vitaminreich
- fürs Büro

Für 2 Personen

- Zubereitungszeit: ca. 35 Min.
- Backzeit: ca. 20 Min.
- ca. 410 kcal je Portion

400 g kleine Kartoffeln (fest kochend)

2 frische Zweige Majoran • 150 ml veg. Gemüsebrühe (Instant) • 150 ml Sahne • 1/2 TL Chilipulver • Kräutersalz

120 g Mozzarella

1. Die Kartoffeln abbürsten und in der Schale garen. Die Pellkartoffeln abkühlen lassen, pellen und in Scheiben schneiden. Die Kartoffeln dachziegelartig in eine flache Auflaufform schichten und den Ofen auf 175 °C (Umluft 150 °C, Gas Stufe 2) vorheizen.

2. Den Majoran waschen, trockenschütteln und fein hacken. Die Gemüsebrühe mit der Sahne mischen, den Majoran und das Chilipulver hineinrühren. Mit Kräutersalz pikant würzen. Die Sauce über die Kartoffeln gießen.

3. Den Käse klein schneiden und gleichmäßig auf den Kartoffeln verteilen. Das Gratin im Ofen auf der mittleren Schiene etwa 20 Minuten backen.

Tipp

Zum Kartoffelgratin passt sehr gut der unten beschriebene Paprikasalat.

Paprikasalat

- Eiweiß
- neutral ✓
- Kohlenhydr.
- einfach ✓
- vegetarisch ✓
- schnell ✓
- vitaminreich ✓
- fürs Büro ✓

Für 2 Personen

- Zubereitungszeit: ca. 25 Min.
- ca. 180 kcal je Portion

je 1 rote, gelbe und grüne Paprikaschote • 1/2 Gemüsezwiebel

125 g aufgetauter TK-Mais

1 1/2 EL Obstessig • 150 ml Wasser • 1 EL kaltgepresstes Olivenöl • 1 TL Kräutersalz • 1/2 Bund Basilikum

3 Zweige glattblättrige Petersilie

1. Die Paprikaschoten waschen, vierteln, putzen, entkernen und in schmale Spalten schneiden. Die Gemüsezwiebel schälen und in dünne Ringe schneiden. Sie dann kurz in kochendem Wasser blanchieren.

2. Die Paprikaspalten zusammen mit den Zwiebelringen und dem Mais in eine Schüssel geben und alles mischen.

3. Für die Sauce den Essig mit Wasser und Öl verrühren und mit Kräutersalz würzen. Das Basilikum waschen, trockenschütteln und mit dem Wiegemesser fein schneiden. Zu der Sauce geben und unterrühren.

4. Die Sauce über die Paprika-Zwiebel-Mais-Mischung gießen, alles sorgfältig mischen. Den Paprikasalat auf 2 Tellern verteilen und zum Schluss mit der gewaschenen, abgezupften Petersilie garnieren.

Ofenkartoffeln mit Käsesauce

- Eiweiß
- neutral
- **Kohlenhydr. ✓**
- **einfach ✓**
- **vegetarisch ✓**
- schnell
- **vitaminreich ✓**
- fürs Büro

Für 2 Personen

- Zubereitungszeit: ca. 45 Min.
- Backzeit: ca. 1 Std.
- ca. 780 kcal je Portion

450 g Kartoffeln (fest kochend)
6 EL kaltgepresstes Olivenöl • 1/2 TL Meersalz
200 g Doppelrahm-Frischkäse • 6 EL Wasser • 1 – 2 Knoblauchzehen • 3 EL geh. Kräuter (z. B. Petersilie, Kerbel, Schnittlauch) • etwas Kräutersalz
600 g Tomaten
1 kleine Zwiebel • 3 Zweige glattblättrige Petersilie

1. Den Backofen auf 200 °C (Umluft 170 °C, Gas Stufe 3) vorheizen. Die Kartoffeln waschen, schälen und in etwa 2 Zentimeter dicke Spalten schneiden.

2. Auf ein Backblech 5 EL Öl gießen und die Kartoffelspalten darauf legen. Mit Salz würzen und im Ofen etwa 1 Stunde backen. Gegen Ende der Backzeit die Kartoffeln mit einer Bratschaufel wenden.

3. Für die Sauce den Frischkäse mit dem Wasser glatt rühren. Die Knoblauchzehen schälen und dazupressen. Die gehackten Kräuter unterrühren und alles mit Kräutersalz abschmecken.

4. Für den Salat die Tomaten waschen und die Stielansätze herausschneiden. Die Tomaten in dünne Scheiben schneiden.

5. Die Zwiebel schälen, fein würfeln und mit den Tomaten mischen. Den Salat mit Kräutersalz würzen, mit Olivenöl beträufeln und mit der gewaschenen, abgezupften Petersilie garnieren.

Eiweiß
neutral
Kohlenhydr. ✓
einfach ✓
vegetarisch ✓
schnell
vitaminreich
fürs Büro

Nudeln mit Spinat-Käse-Sauce

120 g Vollkorn-Bandnudeln • Meersalz
150 g frischer Blattspinat • 1 Zwiebel • 1 Knoblauchzehe • 150 g frische Champignons
1 EL kaltgepresstes Olivenöl • 1/2 TL geriebene Muskatnuss
200 ml veg. Gemüsebrühe (Instant)
100 g Edelpilzkäse, 60% Fett i. Tr. (z. B. Gorgonzola) • 80 g geschlagene Sahne

1. Die Nudeln in reichlich Salzwasser in etwa 10 Minuten bissfest garen. Sie dann abgießen und gut abtropfen lassen.

2. Inzwischen den Spinat putzen, waschen und mit dem Wiegemesser zerkleinern. Die Zwiebel und den Knoblauch schälen und würfeln. Die Pilze mit Küchenkrepp abreiben, putzen und in Scheiben schneiden.

3. Das Öl in einer Pfanne nicht zu stark erhitzen. Die Zwiebel- und Knoblauchwürfel sowie die Pilze darin andünsten Den tropfnassen Spinat hinzufügen, zusammenfallen lassen und mit Salz und Muskatnuss würzen.

4. Anschließend die Gemüsebrühe angießen und alles bei mittlerer Hitze 5–7 Minuten leicht köcheln lassen.

5. In der Zwischenzeit den Käse würfeln, zum Spinat geben und schmelzen lassen. Die geschlagene Sahne unter die Sauce ziehen und zusammen mit den Nudeln servieren.

Tipp

Als neutrale Vorspeise zu diesem Nudelgericht eignet sich sehr gut ein einfacher grüner Salat.

Für 2 Personen

- Zubereitungszeit: ca. 45 Min.
- ca. 610 kcal je Portion

Mitte: Gemischter Salat
unten: Gemüsekuchen vom Blech

Gemüsekuchen vom Blech

Eiweiß
neutral
Kohlenhydr. ✓
einfach
vegetarisch ✓
schnell
vitaminreich
fürs Büro ✓

Für 4 Personen

- Zubereitungszeit: ca. 30 Min.
- Zeit zum Gehen: ca. 45 Min.
- Backzeit: ca. 30 Min.
- ca. 500 kcal je Portion

1 Würfel Hefe • 1/4 l Wasser (handwarm) •
400 g feines Dinkelvollkornmehl
1 TL Meersalz • 5 EL Olivenöl
etwas Öl für das Blech
3 Gemüsezwiebeln • 2 Knoblauchzehen •
2 rote Paprikaschoten • 2 grüne Paprikaschoten
Kräutersalz • Cayennepfeffer

1. Die Hefe mit dem Wasser mischen und mit der Hälfte des Dinkelmehls zu einem Vorteig verrühren. Ihn zugedeckt etwa 25 Minuten an einem warmen Ort gehen lassen.

2. Anschließend das restliche Dinkelvollkornmehl, Salz und 1 EL Öl zu dem Vorteig geben und alles zu einem geschmeidigen Teig verkneten.

3. Das Backblech mit Öl bestreichen, den Teig darauf verteilen und mit einer Gabel mehrmals einstechen. Den Teig zugedeckt nochmals etwa 20 Minuten an einem warmen Ort gehen lassen. Den Backofen auf 250 °C (Umluft 190 °C, Gas Stufe 5) vorheizen.

4. Inzwischen die Zwiebeln und den Knoblauch schälen und würfeln. Die Paprika waschen, putzen und in Würfel schneiden. 4 EL Öl in einer Pfanne erhitzen und Zwiebeln, Knoblauch und Paprika darin dünsten. Alles auf dem Teig verteilen. Mit Kräutersalz und etwas Cayennepfeffer würzen.

5. Den Gemüsekuchen im Ofen etwa 25 – 30 Minuten backen. Ihn mit einem gemischten Salat servieren.

Gemischter Salat

Eiweiß
neutral ✓
Kohlenhydr.
einfach ✓
vegetarisch ✓
schnell ✓
vitaminreich ✓
fürs Büro

Für 2 Personen

- Zubereitungszeit: ca. 15 Min.
- ca. 140 kcal je Portion

1/2 Gemüsezwiebel •
1/4 TL grobkörniges Salz
1/2 Kopfsalat • 1 Tomate • 1/2 Gurke
2 EL Obstessig • 2 EL kaltgepresstes Olivenöl

1. Die Zwiebel schälen und in feine Ringe schneiden. Die Zwiebelringe in eine Salatschüssel geben, das Salz darüber streuen und die Zwiebel kurz ziehen lassen.

2. Den Salat putzen, waschen, trockenschütteln und zerpflücken. Die Tomate waschen, in Spalten schneiden, dabei den Stielansatz entfernen. Die Gurke schälen und in Scheiben schneiden. Alles zu den Zwiebelringen geben.

3. Für die Sauce den Obstessig mit dem Öl verrühren. Über den Salat gießen und alles gut mischen.

Mallorquinische Gemüsepfanne

1 kleine Aubergine • etwas Meersalz
2 rote Paprikaschoten • 1 gelbe Paprikaschote • 1 dicke Zwiebel • 1 – 2 Knoblauchzehen • 1 Zucchini
3 EL kaltgepresstes Olivenöl • etwas Kräutersalz • 1/2 TL getr. Oregano • 1/2 TL getr. Rosmarin
4 Eier
3 Zweige glattblättrige Petersilie

1. Die Aubergine putzen, waschen und in dicke Scheiben schneiden. Diese mit Salz bestreuen und etwa 10 Minuten ziehen lassen, dann mit Küchenkrepp abtupfen.

2. Die Paprikaschoten waschen, vierteln, putzen, entkernen und in schmale Streifen schneiden. Die Zwiebel und den Knoblauch schälen. Die Zucchini waschen und putzen. Alles in dünne Scheiben schneiden.

3. Das Olivenöl in einer großen Pfanne erhitzen. Die Zwiebelringe und den Knoblauch darin scharf anbraten. Das Gemüse hinzufügen und bissfest dünsten bis der Gemüsesaft weitgehend verdunstet ist. Mit Salz, Oregano und Rosmarin würzen.

4. Nun die Eier über das Gemüse schlagen und das Eiweiß vorsichtig mit einer Gabel verteilen. Leicht salzen und so lange braten bis die Eier stocken.

5. Die Petersilienzweige waschen, trockenschütteln und die Blättchen abzupfen. Einen Teil der Petersilienblättchen fein hacken und über die Gemüsepfanne streuen. Das Gericht mit der restlichen Petersilie garnieren und in der Pfanne servieren.

Eiweiß ✓
neutral
Kohlenhydr.
einfach ✓
vegetarisch ✓
schnell
vitaminreich ✓
fürs Büro

Für 2 Personen

- Zubereitungszeit: ca. 40 Min.
- ca. 470 kcal je Portion

Gemüsetortilla

1 kleine Zucchini • 1 kleine Zwiebel • 1 Knoblauchzehe
1 1/2 EL kaltgepresstes Olivenöl • 1/2 TL Kräutersalz • 1 Msp. Cayennepfeffer
4 Eier • 1/2 TL Meersalz
6 Tomaten • 1 Bund Petersilie

1. Die Zucchini waschen, putzen und in feine Scheiben schneiden. Die Zwiebel und den Knoblauch schälen und beides in sehr kleine Würfel schneiden.

2. Das Öl in einer Pfanne erhitzen und die Zwiebel- und Knoblauchwürfel darin dünsten, bis sie glasig, aber noch nicht ganz braun sind. Die Zucchinischeiben dazugeben und unter Wenden garen, bis die Flüssigkeit verdampft ist. Mit dem Kräutersalz und dem Pfeffer würzen.

3. Die Eier in einer Schüssel schaumig schlagen, mit dem Meersalz würzen und über das Gemüse geben. Bei kleiner Flamme stocken lassen. Mithilfe eines flachen Deckels die Tortilla wenden und von der anderen Seite garen.

4. In der Zwischenzeit die Tomaten waschen, den Stielansatz herausschneiden, die Früchte in Scheiben schneiden. Die Tortilla mit den Tomaten und der gewaschenen, abgezupften Petersilie servieren.

Tipp

Wenn Sie wissen möchten, wie Sie die Tortilla am einfachsten wenden, schauen Sie sich die Schritt-für-Schritt-Anleitung auf der Umschlagklappe an.

Eiweiß ✓
neutral
Kohlenhydr.
einfach ✓
vegetarisch ✓
schnell ✓
vitaminreich
fürs Büro

Für 2 Personen

- Zubereitungszeit: ca. 30 Min.
- ca. 290 kcal je Portion

Knoblauchhähnchen

Eiweiß ✓
neutral
Kohlenhydr.
einfach ✓
vegetarisch
schnell
vitaminreich
fürs Büro

Für 2 Personen

- Zubereitungszeit: ca. 45 Min.
- ca. 950 kcal je Portion

1 kleines küchenfertiges Hähnchen (ca. 1 kg) •
4 EL kaltgepresstes Olivenöl
6 Knoblauchzehen • 1 Chilischote
1 Bund Petersilie • 1/8 l trockener Weißwein •
etwas Kräutersalz

1. Das Hähnchen in etwa 8 Stücke zerteilen. Das Öl in einem Bräter erhitzen. Die Hähnchenteile darin von allen Seiten anbraten.

2. Die Knoblauchzehen schälen und in Scheiben schneiden. Die Chilischote aufschneiden, mit einem spitzen Messer entkernen und fein hacken.

3. Die Hähnchenteile aus dem Bräter nehmen, die Hitze reduzieren. Den Knoblauch und die gehackte Chilischote in dem Bratenfond andünsten.

4. Die Hähnchenteile wieder zurück in den Bräter geben und bei kleiner Hitze darin schmoren lassen. Dabei mehrmals wenden.

5. Die Petersilie waschen, mit dem Wiegemesser klein schneiden und mit dem Wein sowie dem Salz zu den Hähnchenteilen geben. Alles bei schwacher Hitze zugedeckt weitere 20 Minuten garen. Mit etwas Petersilie garniert servieren.

Tipps

Sie sparen viel Fett, wenn Sie die Hähnchenhaut vor dem Braten entfernen.

Wenn Sie ungeübt im Zerlegen von Geflügel sind, fragen Sie Ihren Geflügelhändler beziehungsweise Fleischer.

Mit sehr jungem, frischem Knoblauch, den Sie im Frühjahr gut bekommen, schmeckt das Knoblauchhähnchen besonders lecker.

Eiweiß ✓
neutral
Kohlenhydr.
einfach ✓
vegetarisch
schnell
vitaminreich
fürs Büro

Spanisches Huhn

500 g reife Tomaten
200 g Champignons • 6 Schalotten •
200 g Möhren •
1 – 2 Knoblauchzehen
4 Hähnchenschenkel • 1 TL Meersalz •
1 TL Paprikapulver (edelsüß) • 1 TL Rosmarin •
2 EL kaltgepresstes Olivenöl
150 ml veg. Gemüsebrühe (Instant) •
1/8 l Weißwein
60 ml Sahne • 2 Zweige frischen Rosmarin

1. Die Tomaten über Kreuz einritzen, mit kochendem Wasser überbrühen, abschrecken und enthäuten. Tomaten vierteln, entkernen und die Stielansätze abschneiden. Das Fruchtfleisch würfeln.

2. Die Pilze sorgfältig mit Küchenkrepp abreiben, putzen und in Scheiben schneiden.

3. Die Schalotten schälen und halbieren. Die Möhren schälen, waschen und grob würfeln. Den Knoblauch schälen und zerdrücken.

4. Die Hähnchenschenkel mit Salz, Paprikapulver und Rosmarin einreiben und in dem heißen Öl anbraten. Anschließend in eine feuerfeste Form legen.

5. Den Backofen auf 200 °C (Umluft 170 °C, Gas Stufe 3) vorheizen. Pilze, Schalotten und Möhren ebenfalls anbraten. Danach über den Hähnchenschenkeln verteilen. Tomatenwürfel und Knoblauch hinzufügen. Brühe und Wein angießen.

6. Alles im Backofen auf der mittleren Schiene etwa 30 Minuten garen. Anschließend die Sahne unter das Gemüse rühren und alles mit dem gewaschenen abgezupften Rosmarin garnieren.

Für 2 Personen

- Zubereitungszeit: 30 Min.
- Backzeit: ca. 30 Min.
- ca. 870 kcal je Portion

Spitzkohl mit Mandelkruste

Eiweiß ✓
neutral
Kohlenhydr.
einfach ✓
vegetarisch ✓
schnell
vitaminreich
fürs Büro

Für 2 Personen

- Zubereitungszeit: ca. 20 Min.
- Backzeit: ca. 1 Std.
- ca. 710 kcal je Portion

1 Spitzkohl (ca. 400 g) •
150 g kernlose Weintrauben
2 Eier • 150 ml Sahne •
100 ml Wasser • 1 TL Meersalz •
1 TL Paprikapulver (edelsüß)
100 g Mandelstifte

1. Den Spitzkohl putzen, waschen, vierteln und den Strunk abschneiden. Den Kohl in sehr feine Streifen hobeln, mit den gewaschenen Weintrauben mischen und in eine gefettete Auflaufform schichten.

2. Den Backofen auf 160 °C (Umluft 130 °C, Gas Stufe 1) vorheizen. Die Eier mit Sahne, Wasser, Salz und Paprikapulver verschlagen. Sie dann über den Kohl gießen.

3. Anschließend die Mandelstifte über den Kohl streuen und alles sorgfältig mit Alufolie abdecken.

4. Den Auflauf etwa 1 Stunde im Ofen auf der mittleren Schiene backen. 30 Minuten vor Ende der Backzeit die Alufolie entfernen, um die Mandeln zu bräunen.

Tipp

Anstelle des Spitzkohls kann auch Weißkohl verwendet werden.

Eiweiß ✓
neutral
Kohlenhydr.
einfach
vegetarisch
schnell
vitaminreich
fürs Büro

Fisch in der Salzkruste

1 kg ganzer frischer Fisch mit Kopf und Schwanzflosse (z. B. Lubina, Goldbrasse, Seehecht oder das Schwanzstück vom Seeteufel, ersatzweise auch Heilbutt oder Steinbutt) • 1,5 kg grobkörniges Meersalz
6 – 8 Salatblätter
4 EL Butter

1. Den Fisch säubern, waschen und trockentupfen. Ein Backblech mit Backpapier auslegen und fingerdick mit 1 kg Salz bestreuen. Den Backofen auf 200 °C (Umluft 170 °C, Gas Stufe 3) vorheizen.

2. Den Fisch in die Salatblätter einwickeln und auf das Salz legen. Alles gut mit dem restlichen Salz bedecken. Eventuell das Salz mit ein paar Wassertropfen binden.

3. Den Fisch im Ofen auf der mittleren Schiene etwa 35 Minuten backen.

4. Den Fisch anschließend aus dem Ofen nehmen, vorsichtig die Salzkruste ablösen. In der Zwischenzeit die Butter in einem Topf zerlassen. Die Fischstücke auf 2 Tellern anrichten und mit der flüssigen Butter beträufeln.

Tipps

Essen Sie zu dem Fisch einen frischen Zucchinisalat. Auf Seite 50 finden Sie ein Salatrezept mit gebratenen Zucchinischeiben, Tomaten und Oliven.

Das grobkörnige Meersalz brauchen Sie nicht in teuren Spezialgeschäften kaufen, sondern Sie erhalten es für wenig Geld bei Ihrem Fischhändler.

Für 2 Personen

- Zubereitungszeit: ca. 20 Min.
- Backzeit: ca. 35 Min.
- ca. 490 kcal je Portion

Grillfisch mit Zucchinitatar

3 Knoblauchzehen •
1 1/2 EL Butter
400 g Kabeljaufilet • etwas Meersalz •
4 EL fein gemahlene Mandeln
6 EL kaltgepresstes Olivenöl
600 g Zucchini
etwas Kräutersalz •
einige Zitronenscheiben

Eiweiß ✓
neutral
Kohlenhydr.
einfach
vegetarisch
schnell ✓
vitaminreich
fürs Büro

Für 2 Personen

- Zubereitungszeit: ca. 35 Min.
- ca. 700 kcal je Portion

1. Die Knoblauchzehen schälen. Die Butter in einem Topf zerlassen, dann 1 Knoblauchzehe durch eine Presse dazudrücken und beides gut verrühren. Die übrigen Knoblauchzehen zurückbehalten.

2. Den Fisch säubern, waschen und trockentupfen. Ihn dann leicht salzen und gleichmäßig in den gemahlenen Mandeln wenden.

3. In einer Pfanne 4 EL Öl erhitzen und den Fisch darin sanft anbraten. Den Fisch auf Alufolie legen, mit der Knoblauchbutter beträufeln und auf dem Grill leicht bräunen.

4. In der Zwischenzeit für das Gemüsetatar die Zucchini putzen, waschen, der Länge nach halbieren und in ganz kleine Würfel schneiden.

5. Dann 2 EL Öl in einer Pfanne erhitzen, die Zucchiniwürfel darin anbraten. Den übrigen Knoblauch dazudrücken und mit dem Kräutersalz würzen. Den Grillfisch mit dem Zucchinitatar anrichten und mit den Zitronenscheiben garniert servieren.

Seeteufel aus dem Ofen

400 g Seeteufel oder anderes festkochendes Fischfilet • 1 – 2 EL Zitronensaft • etwas Meersalz
500 g Blattspinat • 400 g Tomaten
1 Zwiebel • 1 – 2 Knoblauchzehen
3 EL kaltgepresstes Olivenöl
etwas Kräutersalz • etwas getr. Oregano
4 EL Mandelblättchen

1. Den Fisch säubern, waschen und trockentupfen. Ihn dann in grobe Würfel schneiden, mit dem Zitronensaft beträufeln und leicht salzen.

2. Den Spinat putzen, waschen und in kochendem Salzwasser blanchieren. Die Tomaten über Kreuz einritzen, mit kochendem Wasser überbrühen, abschrecken und enthäuten. Tomaten vierteln, entkernen und die Stielansätze abschneiden. Das Fruchtfleisch würfeln.

3. Den Backofen auf 200 °C (Umluft 170 °C, Gas Stufe 3) vorheizen. Die Zwiebel und den Knoblauch schälen und fein hacken. Das Öl in einer Pfanne erhitzen und beides darin kurz anbraten. Den Fisch dazugeben und ihn von allen Seiten scharf anbraten.

4. Den Spinat in eine feuerfeste Auflaufform füllen und die Fischstücke mit dem Zwiebel-Knoblauch-Gemisch darüber geben. Mit dem Salz und dem Oregano würzen und alles mit den Tomaten bedecken.

5. Den Auflauf abschließend mit den Mandelblättchen bestreuen und alles im Ofen auf der mittleren Schiene etwa 20 – 25 Minuten überbacken.

Eiweiß ✓
neutral
Kohlenhydr.
einfach ✓
vegetarisch
schnell
vitaminreich ✓
fürs Büro

Für 2 Personen

- Zubereitungszeit: ca. 35 Min.
- Backzeit: ca. 25 Min.
- ca. 520 kcal je Portion

oben: Marinierter Spargel
unten: Mittelmeergemüse

Marinierter Spargel

Eiweiß ✓
neutral
Kohlenhydr.
einfach ✓
vegetarisch ✓
schnell ✓
vitaminreich
fürs Büro ✓

Für 2 Personen

- Zubereitungszeit: ca. 20 Min.
- ca. 350 kcal je Portion

500 g weißer Spargel

etwas Meersalz • 3 EL Zitronensaft • 6 EL kaltgepresstes Olivenöl • einige Zitronenscheiben • Dill

1. Den Spargel sorgfältig schälen und in kochendem Salzwasser etwa 15 Minuten garen.

2. Inzwischen für die Marinade das Salz und den Zitronensaft verrühren. Das Öl langsam und kräftig unterrühren, bis eine cremige Emulsion entsteht.

3. Den Spargel aus dem Wasser nehmen und gut abtropfen lassen. Dann die Zitronenmarinade über den lauwarmen Spargel gießen. Mit Zitronenscheiben und etwas Dill garnieren.

Tipp

Sie können den Spargel entweder sofort servieren oder ihn mit der Marinade abkühlen lassen. Schmeckt beides köstlich.

Mittelmeergemüse

Eiweiß ✓
neutral
Kohlenhydr.
einfach ✓
vegetarisch ✓
schnell
vitaminreich ✓
fürs Büro ✓

Für 2 Personen

- Zubereitungszeit: ca. 45 Min.
- ca. 290 kcal je Portion

300 g reife Tomaten

1 kleine Aubergine • je 1 rote und gelbe Paprikaschote • 1 kleine Zucchini • 1 Zwiebel • 3 EL kaltgepresstes Olivenöl

2 – 3 Knoblauchzehen • etwas Meersalz • einige Blättchen Basilikum • 10 schwarze Oliven

1. Die Tomaten über Kreuz einritzen, mit kochendem Wasser überbrühen, abschrecken und enthäuten. Tomaten vierteln, entkernen und die Stielansätze abschneiden. Das Fruchtfleisch würfeln.

2. Das übrige Gemüse waschen, putzen und in etwa 1 Zentimeter große Würfel schneiden. Das Öl in einer Pfanne erhitzen und alles Gemüse darin unter Wenden etwa 20 Minuten langsam braten.

3. Den Knoblauch schälen, durch eine Presse zu dem Gemüse drücken und unterrühren. Alles salzen und mit den Basilikumblättchen und den Oliven garnieren.

Tipps

Das Mittelmeergemüse gleicht in dieser Zusammensetzung dem Ratatouille, wie man es aus der Provence kennt. Heute ist der Gemüseeintopf im gesamten Mittelmeerraum verbreitet.

Das Gemüse kann kalt als Vorspeise gereicht werden und schmeckt warm als Beilage zu Fleisch, Geflügel, Fisch, Omelett und Rührei.

Zucchinisalat

2 kleine Zucchini

1 1/2 EL kaltgepresstes Olivenöl • 1 Knoblauchzehe • etwas Meersalz

2 Tomaten • 10 schwarze Oliven • 10 gehackte Basilikumblättchen

1. Die Zucchini waschen, Stielansätze abschneiden und die Früchte in dünne Scheiben schneiden.

2. Das Öl in einer Pfanne nicht zu stark erhitzen und die Zucchinischeiben darin andünsten. Den Knoblauch schälen, durch eine Presse zu den Zucchini drücken und alles leicht salzen.

3. Danach die Pfanne vom Herd nehmen und die Zucchinischeiben auskühlen lassen. Sie anschließend spiralförmig auf einer Platte oder einem Teller anrichten.

4. Die Tomaten waschen, von den Stielansätzen befreien und würfeln. Die Tomatenwürfel mit den Oliven auf den Zucchinisalat geben und mit den Basilikumblättchen bestreuen.

Tipp

Zucchini sind bis zu einer Länge von 20 cm am schmackhaftesten. Sie sollten immer ungeschält verwendet werden, da ihre Aromastoffe dicht unter der Schale sitzen. Auch die Zucchiniblüte ist essbar. Gefüllt und in heißem Fett gebacken oder in Öl frittiert schmeckt sie sehr gut.

Eiweiß

neutral ✓

Kohlenhydr.

einfach ✓

vegetarisch ✓

schnell ✓

vitaminreich

fürs Büro

Für 2 Personen

- Zubereitungszeit: ca. 20 Min.
- ca. 140 kcal je Portion

Grüner Salat

1 Kopfsalat
1 kleine Zwiebel • 3 EL geh. Kräuter (z. B. Petersilie, Kerbel, Schnittlauch) • 2 EL kaltgepresstes Olivenöl • 1 EL Obstessig • 2 EL Sahne • 80 ml Wasser • 1 TL Kräutersalz

1. Den Kopfsalat putzen, waschen und trockenschütteln. Ihn dann in mundgerechte Stücke zupfen.

2. Die Zwiebel schälen und fein hacken. Sie dann mit den gehackten Kräutern, Olivenöl, Obstessig, Sahne, Wasser und Kräutersalz verrühren.

3. Die Essig-Öl-Marinade über den Salat gießen, alles sorgfältig miteinander vermischen und auf 2 Tellern anrichten. Sofort servieren.

Tipp

Kopfsalat hält sich in ein feuchtes Tuch eingeschlagen oder in einer perforierten Kunststofftüte 2 bis 3 Tage im Gemüsefach des Kühlschranks. Er darf nicht in der Nähe von Äpfeln, Bananen oder Tomaten gelagert werden, da diese Früchte ein Gas absondern, das die Salatblätter welken lässt.

Eiweiß
neutral ✓
Kohlenhydr.
einfach ✓
vegetarisch ✓
schnell ✓
vitaminreich
fürs Büro

Für 2 Personen

- Zubereitungszeit: ca. 10 Min.
- ca. 180 kcal je Portion

Gebratene Bohnen mit Tomaten

Eiweiß ✓
neutral
Kohlenhydr.
einfach ✓
vegetarisch ✓
schnell
vitaminreich ✓
fürs Büro

Für 2 Personen

- Zubereitungszeit: ca. 35 Min.
- ca. 180 kcal je Portion

400 g Tomaten
1 Zwiebel • 500 g grüne Bohnen
2 EL Butter
etwas Meersalz • 2 EL gehackte Kräuter (z. B. Bohnenkraut, Basilikum)

1. Die Tomaten über Kreuz einritzen, mit kochendem Wasser überbrühen, mit kaltem Wasser abschrecken und die Haut abziehen. Tomaten vierteln, entkernen und die Stielansätze abschneiden. Anschließend das Fruchtfleisch in mittelgroße Würfel schneiden.

2. Die Zwiebel schälen und fein hacken. Die Bohnen putzen und in Stücke schneiden.

3. Die Butter in einem Topf zerlassen und nicht zu stark erhitzen. Die Zwiebelwürfel und die Bohnenstücke dazugeben und unter Rühren anbraten. Zugedeckt bei milder Hitze etwa 10 Minuten garen lassen. Bei Bedarf 2–3 EL Wasser hinzufügen.

4. Anschließend die Tomatenwürfel dazugeben, alles leicht salzen und das Gericht weitere 10 Minuten köcheln lassen. Zum Schluss mit den gehackten Kräutern bestreuen und servieren.

Variation

Bohnen sind in der spanischen Küche sehr beliebt und werden auch gerne als Salat gegessen. Zusammen mit blanchierten Erbsen, gekochten Kartoffeln und Artischockenherzen ergeben gegarte grüne Bohnen in einer Sauce aus Olivenöl, Obstessig, Knoblauch, Salz und Cayennepfeffer einen sättigenden, leckeren Salat.

Bohnenkraut

Verwenden Sie zum Abschmecken des Gerichts ruhig einmal Bohnenkraut. Dieses Küchenkraut hat einen herbwürzigen, pfeffrigen Geschmack und eignet sich besonders gut zum Würzen eher deftiger Gerichte (Suppen, Eintöpfe, Fleischgerichte). Geben Sie frisches Bohnenkraut erst zum Ende der Garzeit ans Essen; getrocknetes muss dagegen mitgaren, damit sich sein Aroma entfalten kann.

Gorgonzolasauce

125 g Buttermilch • 125 g saure Sahne •
80 g Gorgonzola, 60% Fett i.Tr. (oder ein anderer Edelpilzkäse)
4 EL Schnittlauchröllchen

1. Die Buttermilch mit der sauren Sahne mischen. Den Käse mit einer Gabel möglichst fein zerdrücken und ihn mit der Milchmischung glatt rühren.

2. Zum Schluss die Käsesauce mit den Schnittlauchröllchen bestreuen und gekühlt zu kaltem Fleisch oder als Dipsauce zu Rohkost servieren.

Variation

Etwas fetthaltiger ist folgende Variante einer Gorgonzolasauce: 100 g Gorgonzola werden mit einer Gabel fein zerdrückt, mit 100 g Doppelrahmfrischkäse und ebenso viel Crème fraîche glatt gerührt. Eine klein gehackte Zwiebel, Petersilie und Kerbel untermischen. Mit Meersalz, Cayennepfeffer und etwas Honig abschmecken.

Tipp

Wegen seines Aromas und des hohen Salzgehalts wird Edelpilzkäse gern zum Würzen von Gerichten genommen. Dabei verstärkt sich sein salziger Geschmack beim Kochen gewöhnlich noch.

Eiweiß
neutral ✓
Kohlenhydr.
einfach ✓
vegetarisch ✓
schnell ✓
vitaminreich
fürs Büro

Für 2 Personen

- Zubereitungszeit: ca. 10 Min.
- ca. 240 kcal je Portion

Kräutersauce

1 Eigelb • 1 TL Senf •
100 ml kaltgepresstes Olivenöl
1 Bund frische Kräuter (z. B. Petersilie, Basilikum, Schnittlauch, Thymian) • 1 – 2 Knoblauchzehen
etwas Meersalz

1. Das Eigelb in einer kleinen Schüssel mit dem Senf verrühren. Das zimmerwarme Olivenöl tropfenweise unter ständigem Rühren hinzufügen, bis eine weiche, homogene Mayonnaise entstanden ist.

2. Anschließend die Kräuter waschen, trockenschütteln und grob hacken. Die Knoblauchzehe schälen und klein schneiden.

3. Die Kräuter und den Knoblauch zu dem leicht dicklich gewordenen Olivenöl geben und alles mit dem Pürierstab fein mixen. Mit Salz abschmecken.

Tipps

Die Kräutersauce passt sehr gut zu pikanten Fleisch- und Fischgerichten, aber auch zu gerösteten Kartoffeln oder zu Brot.

Durch zu schnelles Nachgießen des Öls oder durch zu kalte Zutaten kann die Mayonnaise gerinnen. In diesem Fall schlägt man ein weiteres Eigelb für zwei Minuten mit dem Schneebesen und rührt die Mayonnaise löffelweise unter.

Senf ist in der Trennkostlehre gerade bei Nierenerkrankungen nicht empfehlenswert. Als Gewürz – wie in diesem Rezept eingesetzt – ist Senf ausnahmsweise erlaubt.

Eiweiß
neutral ✓
Kohlenhydr.
einfach
vegetarisch ✓
schnell
vitaminreich
fürs Büro

Für 4 Personen
- Zubereitungszeit: ca. 20 Min.
- ca. 240 kcal je Portion

Kalte Mandelsauce

4 EL Mandelblättchen
200 g saure Sahne • 3 EL Wasser • etwas Meersalz
1–2 Knoblauchzehen •
4 Zweige glattblättrige Petersilie

1. Die Mandelblättchen ohne Fett in einer Pfanne goldgelb rösten und beiseite stellen.

2. Die saure Sahne mit dem Wasser cremig rühren und leicht salzen.

3. Den Knoblauch schälen und durch eine Presse drücken. Die Petersilie waschen, trockenschütteln und fein hacken. Beides mit der Sahnemischung verrühren. Die Sauce mit den gerösteten Mandelblättchen bestreuen.

Tipps

Diese Sauce passt sehr gut zu gebratenem Fleisch, zu Fisch oder zu gerösteten Kartoffeln.

Die Mandelsauce kann leicht abgewandelt werden. Eine ganz schnelle Variante ist die Pinienkernsauce, bei der die gerösteten Mandeln durch geröstete Pinienkerne ausgetauscht werden.

Eiweiß
neutral ✓
Kohlenhydr.
einfach ✓
vegetarisch ✓
schnell ✓
vitaminreich
fürs Büro

Für 2 Personen

- Zubereitungszeit: ca. 10 Min.
- ca. 240 kcal je Portion

Mandelkuchen vom Blech

200 g Haferflocken • 200 g Dinkelvollkornmehl • abgeriebene Schale 1/2 unbehandelten Zitrone • 1 P. Weinsteinbackpulver

225 g kalte Butter • 230 g Rapshonig • 1 Eigelb • 150 ml Sahne

200 g geh. Mandeln

Eiweiß
neutral
Kohlenhydr. ✓
einfach ✓
vegetarisch ✓
schnell
vitaminreich
fürs Büro ✓

Für 20 Stück

- Zubereitungszeit: ca. 35 Min
- Backzeit: ca. 15 Min
- ca. 275 kcal je Stück

1. Die Haferflocken mit dem Dinkelvollkornmehl, der Zitronenschale und dem Backpulver in einer großen Schüssel gut mischen. Den Backofen auf 180 °C (Umluft 150 °C, Gas Stufe 2) vorheizen.

2. Gut 125 g der kalten Butter in Stücke schneiden, zur Mehlmischung geben und 80 g Honig, das Eigelb und 5 EL Sahne hinzufügen. Alles zu einem geschmeidigen Teig verkneten. Den Teig in Frischhaltefolie einschlagen und für etwa 10 Minuten im Kühlschrank ruhen lassen.

3. Inzwischen ein kleines Backblech (etwa 30 x 30 cm) einfetten. Den Teig auf das Blech geben und mit angefeuchteten Händen glatt drücken.

4. Für den Belag die restliche Butter in einem Topf zerlassen. Die gehackten Mandeln zusammen mit der restlichen Sahne und 150 g Honig hinzufügen. Alles unter Rühren kurz aufkochen lassen, dann die Masse sofort auf dem Teig verteilen und glatt streichen.

5. Den Kuchen im Ofen auf der mittleren Schiene etwa 15 Minuten goldbraun backen, herausnehmen und erkalten lassen. Ihn anschließend in 20 gleich große Stücke schneiden.

Tipp

Sie können den Teig auch ausrollen. Drücken Sie dazu die Teigkugel etwas flach und legen Sie sie zwischen 2 Lagen Frischhaltefolie. So lässt sich der Teig ausrollen, ohne an der Kuchenrolle oder der Arbeitsplatte festzukleben.

Mandeln

Der Mandelkuchen ist eines der Nationalgerichte auf Mallorca. Kein Wunder: Dort werden jährlich über 7000 t feinste Mandeln geerntet.

Mandeln zählen zu den Nüssen, obwohl sie eigentlich zur Familie der Rosengewächse gehören und mit dem Pfirsich verwandt sind. Mandeln sind sehr fetthaltig. Sie enthalten jedoch vor allem wertvolle ungesättigte Fettsäuren und darüber hinaus reichlich Mineralien und Vitamine.

Mandeleis

Eiweiß
neutral
Kohlenhydr. ✓
einfach ✓
vegetarisch ✓
schnell
vitaminreich
fürs Büro

Für 2 Personen

- Zubereitungszeit: ca. 25 Min.
- Gefrierzeit: ca. 3 – 4 Std.
- ca. 295 kcal je Portion

50 g ganze Mandeln
125 ml Wasser • 50 ml Sahne • 30 ml Ahornsirup • 1 Msp. Zimt • 1 TL abgeriebene Schale einer unbehandelten Zitrone
2 Tupfer Sahne • 1 EL gehackte Mandeln

1. Die Mandeln mit kochendem Wasser überbrühen, häuten und ohne Fett rösten. Anschließend sehr fein mahlen.

2. Das Wasser mit Sahne, Ahornsirup, Zimt und Zitronenschale verrühren. Die Mandeln hinzufügen und alles unter Rühren aufkochen lassen.

3. Die Mandelcreme unter gelegentlichem Umrühren erkalten lassen. Sie dann in eine Metallschüssel füllen und für 3 – 4 Stunden ins Gefrierfach stellen. Die Eismasse während des Gefrierens immer wieder mit einem Schneebesen umrühren.

4. Das Eis anschließend in 2 Dessertgläser geben und mit je einem Sahnetupfer und den gehackten Mandeln dekorieren.

Eiweiß
neutral
Kohlenhydr. ✓
einfach
vegetarisch ✓
schnell
vitaminreich
fürs Büro

Crema de Maria

3 Blatt weiße Gelatine
80 ml Sahne • 100 ml Wasser • ½ Vanilleschote
2 Eigelb • 5 EL Ahornsirup • 1 EL abgeriebene Schale einer unbehandelten Orange
100 g geschlagene Sahne

1. Die Gelatine in wenig kaltem Wasser einweichen und sie dann etwa 10 Minuten quellen lassen.

2. Die Sahne mit dem Wasser mischen. Die Vanilleschote aufschneiden. Das Mark mit einem Messer herausschaben und mit der Schote in das Sahne-Wasser-Gemisch geben. Kurz aufkochen lassen, anschließend die Schote herausnehmen.

3. Die Eigelbe mit 3 EL Ahornsirup mischen und unter Rühren in das heiße Sahnegemisch gießen. Die Orangenschale hinzufügen und im warmen Wasserbad erhitzen. Dabei so lange schlagen, bis die Creme dicklich wird.

4. Die Gelatine ausdrücken, in einem Topf vorsichtig erhitzen, bis sie sich aufgelöst hat und unter die Creme rühren. Anschließend im Eiswasserbad unter Rühren erkalten lassen.

5. Zum Schluss die geschlagene Sahne unter die Creme heben. Diese in 4 Förmchen füllen und für mindestens 4 Stunden kalt stellen. Mit dem restlichen Ahornsirup beträufeln und servieren.

Für 4 Personen
- Zubereitungszeit: ca. 30 Min.
- Kühlzeit: ca. 4 Std.
- ca. 260 kcal je Portion

oben: Orangen mit Frischkäse
unten: Eingelegte Feigen

Orangen mit Frischkäse

Eiweiß ✓
neutral
Kohlenhydr.
einfach ✓
vegetarisch ✓
schnell ✓
vitaminreich ✓
fürs Büro

Für 2 Personen

- Zubereitungszeit: ca. 15 Min.
- ca. 350 kcal je Portion

2 Orangen • 2 EL Orangenlikör
Saft 1 Orange (frisch gepresst) •
100 g Doppelrahm-Frischkäse (z. B. Philadelphia) •
2 EL Ahornsirup •
einige Minzeblättchen

1. Die Orangen schälen, sodass keine weiße Schale mehr am Fruchtfleisch hängt. Die Früchte dann in dünne Scheiben schneiden und anrichten. Mit dem Orangenlikör beträufeln und kalt stellen.

2. Orangensaft und Frischkäse verrühren, mit dem Ahornsirup süßen. Die Creme auf die Orangenscheiben setzen und mit der Minze garnieren.

Tipps

Wenn Sie für dieses Dessert unbehandelte Orangen verwenden, können Sie die Schalen für eine spätere Weiterverwendung einfrieren.

Achten Sie beim Kauf von Orangen auf eine unversehrte Schale und feste, im Verhältnis zur Größe relativ schwere Früchte. Wenn Sie Orangen vorwiegend zum Auspressen kaufen, nehmen Sie eine sehr saftige Sorte, zum Beispiel die Valencia. Zum Schälen eignen sich sehr gut die Navel-Orangen mit ihrer grobporigen, dicken Schale.

Eingelegte Feigen

Eiweiß
neutral
Kohlenhydr. ✓
einfach ✓
vegetarisch ✓
schnell
vitaminreich
fürs Büro

Für 2 Personen

- Zubereitungszeit: ca. 35 Min.
- ca. 160 kcal je Portion

150 ml Wasser • 1 EL Honig
6 frische Feigen
1 EL abgeriebene Schale einer unbehandelten Zitrone • 2 EL Wodka

1. Das Wasser zusammen mit dem Honig in einen Topf geben und unter ständigem Rühren zum Kochen bringen.

2. Die Feigen vorsichtig waschen und der Honiglösung hinzufügen. Bei geschlossenem Topf und geringer Hitzezufuhr die Früchte etwa 30 Minuten köcheln lassen. Zwischendurch umrühren.

3. Die Zitronenschale kurz mit erhitzen, dann die Feigen abkühlen lassen und sie zusammen mit dem Saft in Dessertschalen servieren. Nach Belieben mit Wodka abschmecken.

Feigen

Feigen enthalten viel Kalium und reichlich Ballaststoffe. Frische Feigen sollten beim Einkauf weich und möglichst schwer sein. Die Stiele sollten fest sein. Sie können kaum länger als zwei Tage im Kühlschrank gelagert werden.

Alphabetisches Rezeptverzeichnis

Rezeptverzeichnis nach Rubriken

Impressum

Im FALKEN Verlag sind zahlreiche Titel zum Thema „Trennkost" erschienen.
Sie sind überall erhältlich, wo es Bücher gibt.

Sie finden uns im Internet: **www.falken.de**

Allen Leserinnen und Lesern, die mehr über die Trennkost erfahren wollen,
gibt die Autorin dieses Buches gerne Auskunft. Die Adresse lautet:

Ursula Summ
Postfach Buzon Nr.: 356
Calle Patricio Ferrandiz 40
03700 Denia/Alicante
Fax: 0034/96/5784715
E-Mail: trennkost.summ@teleline.es

Weitere Informationen zu Trennkost finden Sie auch unter: www.trennkost.de

Dieses Buch wurde auf chlorfrei gebleichtem und säurefreiem Papier gedruckt.

Der Text dieses Buches entspricht den Regeln der neuen deutschen Rechtschreibung.

ISBN 3 8068 2593 9

Umschlaggestaltung: Martina Eisele, München
Gestaltung: red.sign, Stuttgart
Lektorat: Sabine Lemb
Redaktion: Birgit Hinsch
Herstellung: Petra Zimmer
Titelbild: Klaus Arras, Köln
Weitere Fotos auf dem Umschlag: Umschlag hinten: Dr. Gerhard Kebbel, Frankfurt. Das Bild auf der Umschlaginnenseite vorne unten wurde dem FALKEN Verlag freundlicher Weise von dem Fotografen zu Verfügung gestellt; oben: Dr. Gerhard Kebbel, Frankfurt. FALKEN Archiv: Umschlagklappe hinten, innen, li. o., li. M., li.u., re. o., re. M., re. u. (W. Feiler); Umschlagklappe hinten, außen: li., re. (TLC)
Rezeptfotos: TLC Foto-Studio GmbH, Velen-Ramsdorf
Weitere Fotos im Innenteil: S. 8/9: TLC Foto-Studio GmbH. FALKEN Archiv: S. 1, 5 (W. Feiler), S. 8 oben (R. Schmitz), S. 4, 6, 8 unten, 9 (TLC)

Satz: FALKEN Verlag, Niedernhausen/Ts.
Druck: Druckhaus Cramer, Greven

817 2635 4453 6271